Todos los libros de Linkgua Ediciones cuentan con modelos de Inteligencia Artificial entrenados por hispanistas. Pregúntale al chat de tu libro lo que desees acerca de la obra o su autor/a.

Para ebooks: Accede a nuestro modelo de IA a través de este enlace.

Para libros impresos: Escanea el código QR de la portada con tu dispositivo móvil.

Obtén análisis detallados de nuestros libros, resúmenes, respuestas a tus preguntas y accede a nuestras ediciones críticas generativas para una experiencia de lectura más enriquecedora.

La transparencia y el respeto hacia la autoría de las fuentes utilizadas son distintivos básicos de nuestro proyecto. Por ello, las respuestas ofrecen, mediante un sistema de citas, las fuentes con las que han sido elaboradas.

Gonçal Mayos

Turbo humanos

Barcelona 2023
Linkgua-ediciones.com

Créditos

Título original: Turbohumanos.

© 2023, Red ediciones S.L.

e-mail: info@linkgua.com

Diseño de la colección: Michel Mallard.

ISBN rústica ilustrada: 978-84-9953-750-4.
ISBN tapa dura: 978-84-9007-029-1.
ISBN ebook: 978-84-9007-428-2.

Cualquier forma de reproducción, distribución, comunicación pública o transformación de esta obra solo puede ser realizada con la autorización de sus titulares, salvo excepción prevista por la ley. Diríjase a CEDRO (Centro Español de Derechos Reprográficos, www.cedro.org) si necesita fotocopiar, escanear o hacer copias digitales de algún fragmento de esta obra.

Sumario

Créditos	4
Destino, sentido y obsolescencia	9
¿Era de ira y miedo?	12
¿Una nueva melancolía?	16
Fausto y la paradoja del turbocapitalismo consumista	19
Autoexplotación incesante de la totalidad de la vida	22
¿Somos y valemos lo que nuestra cognición?	26
Sociedad del «conocimiento», «espectáculo» y «desconcierto»: ¿condición existencial?	29
Desorientación turbohumana	35
Cambiar la relación futuro-presente-pasado	40
Angustiante apertura	41
Agorafobia y «jaula de acero»	45
¿Sin asideros de experiencia, hechos ni conocimiento?	48
Presentismo postnarrativo ¿inmediatez reactiva contra el sentido?	51
Turboglobalización monádica y disolución de la experiencia	56
¿Sucumbir o no a las mefistofélicas y neoliberales tentaciones?	61
Un desierto digital para narcisos	63
Deseo, reconocimiento, multiculturalismo, autoexplotación y burnout como trampas	68
Burnout y nihilismo contemporáneos	69
Burnout y desertización de la vida	71
Fin del futuro... garantizado o esperable	75
Del calvinismo a la teología de la prosperidad	76
Autoexplotación, culpabilidad y nihilismo	79

Burnout, nihilismo y colapso existencial 81
¿Síndrome de indefensión aprendida? 83
Superar la anomía y el burnout 86

Problema cognitivo, pero también ético 89
La «carta robada» como metáfora del presente 89
En *La noche del cazador* 92
¿Conocimiento y vida robados? 93
El «constructivismo» contemporáneo 96
Retroalimentación del conocer y el vivir 101

Patologías de la atención 105
La atención frente a la destrucción creativa 105
¿La era de la distracción creativa? 108
Patologías contemporáneas 112
Destrucción creativa hasta la liquidez 116
Volver a hacer posible el deseo, tras los simulacros de goces 119
¿Fin de la linealidad por la acelerada destrucción creativa? 123

Hiperaceleración y la conversión del tiempo en dinero 125
La pulsión del «now» asesina al presente y al futuro 128
Elogio de la melancolía 133
Presente-futuro bajo el estigma del *Angelus Novus* *134*
«Poner a trabajar» el tiempo libre 136
Hacia la catástrofe ¿now y cronos únicas temporalidades? 138
Dispositivo-tiempo universalizado y money 140

Bibliografía 145

Destino, sentido y obsolescencia

Como Zygmunt Bauman destacó, la modernidad ha devenido líquida y totalmente fluida. Incluso cita la reflexión anticipatoria de Paul Valéry:

> La interrupción, la incoherencia, la sorpresa son las condiciones habituales de nuestra vida. Se han convertido incluso en necesidades reales para muchas personas, cuyas mentes solo se alimentan [...] de cambios súbitos y de estímulos permanentemente renovados [...] Ya no toleramos nada que dure.

Actualmente la vida y los cambios sociales corren como un torrente heracliteano sin permanencia, quizás más allá de lo que nunca imaginó el griego clásico. No solo no podemos bañarnos nunca en la misma agua sino que —como los torrentes de alta montaña— el curso se transforma a sí mismo a toda velocidad. No hay propiamente cauce pues la erosión es tan enorme que éste se autodestruye deviniendo barranco en un instante.

No solo el cauce desaparece, llevándose tierra y piedras, si no que, paradójicamente, no hay tiempo ni resistencia que permita convertir las rocas en cantos rodados. Seguramente los aluviones esperan llegar a un sitio calmo para sedimentarse, depositarse y generar ordenados estratos geológicos. Pero hoy esta esperanza parece diferirse permanentemente y su misma existencia —como en la Caja de Pandora— es más motivo de dolor, de aspiración radicalmente insatisfecha, que no de tranquilidad, confianza y conformidad.

A los turbohumanos de hoy no se les concede descansar, como a esos brevísimos torrentes que caen por las pendientes de alta montaña. Incluso ya no aspiran a la plenitud, a pesar de su sueño fáustico de un instante que se haga eterno. El turbohumano se contentaría con la posibilidad de vivenciar una mínima experiencia real, sea colectiva o tan solo personal. Ya no anhela una iluminación deslumbrante o un hedonismo orgásmico, sino únicamente poder adaptar la retina a los desconcertantes flashes.

Tan solo parecen aspirar a gozar de algo, de alguien e incluso de uno mismo antes que todo ello se sepulte bajo los escombros que un aceleradísmo presente convierte en pasado, sin que realmente hayamos «pasado» por él, sin que lo hayamos experimentado. Pues hoy vivimos en un mundo de vértigo, donde el bloqueo de las facultades orgánicas tiende a ser permanente y, por tanto, pasa fácilmente del estrés al burnout.

Entonces se impone ese síndrome del «quemado» que se siente obsoleto (Mayos) y ya no es capaz de asumir los retos de su profesión e incluso de su existencia. Derrotado y exhausto, ya no puede reaccionar y se deja morir (como definía Nietzsche el «nihilismo pasivo»). Como vemos el burnout es correlativo a nuestro mundo en cambio vertiginoso.

El curso actual de la historia —trastocado por la más profunda transformación tecnológica— se resiste a calmarse y a volver a los lentos meandros de otros tiempos. Entonces —aunque el tiempo era también cruel— permitía un poco de consuelo a los mortales antes de que la Parca se los llevara. Entonces la vida era destino y —si bien la gente estaba cruelmente sometida a este— tenía la profunda satisfacción de realizarlo. Aún era posible encarnar el propio destino y cumplir con el sentido que uno sentía realizarse en él.

Hoy en cambio, el único sentido parece ser la imposibilidad de todo destino, de toda destinación, de toda meta, de todo fin, de cualquier final... Lo único fijo —aún más que en la reflexión heracliteana— es el desaparecer sin desenlace ni guía, incluso sin nudo narrativo, ni trama de sentido, ni quizás planteamiento existencial.

Mucho más allá de las denuncias del filósofo del Instituto de Fráncfort, Harmut Rosa, tan solo queda el acelerado transcurrir que amenaza deshumanizar a los turbohumanos. Ello no solo imposibilita que la humanidad tenga naturaleza (como ya apuntaban Pico de la Mirandola o Gehlen) sino toda «condición» que fije, determine y permita «ser».

Recordemos que ya Heidegger no pudo culminar esa especie de antropología existenciaria sin «antropos» que llamó *Ser y tiempo*. Anticipó en muchos sentidos la condición existencial turboacelerada: el ser y lo humano quedan —no solo constituidos por el tiempo— sino además abismalmente anulados bajo él.

Es una existencia hecha tan solo de torrentes que caen por las altas montañas, destruyéndolas con su desmedida erosión, y sin ninguna llanura en la lejanía. Continuamente aparecen nuevos torrentes y cauces, pero todos ellos desaparecen en un nuevo barranco, dan origen a un nuevo precipicio y tan solo convergen en un abismo donde caen sin fin. Allí los torrentes se convierten en cascadas hasta el punto que en ellas las aguas se convierten en lluvia, llovizna, rocío, vapor...

Por un intensísimo proceso que ya intuyeron Marx y Engels, incluso la modernidad líquida se desvanece en el aire sin que nada haya fijo ni estable. Como los temerosos marineros de otros tiempos, tememos y experimentamos que, llegados a límites del mundo, delante nuestro ya no hay tierra firme sino un mar que nos arrastra mientras cae en los abismos sin fin.

Este es el presente de los turbohumanos, su «sino», su destino y su condición. Más heracliteanos que Heráclito, se vuelve a cumplir la sentencia de Sileno: miserable raza humana, lo mejor sería no haber nacido pero —puesto que ello ya es imposible— lo mejor es morir pronto.

¿La muerte es el único descanso para los turbohumanos? ¿Es paradojalmente la gran paz y esperanza que persiguen desesperados los sin paz? ¿Su único posible final, fin y meta es estar condenados a carecer permanentemente de ellos?

O quizás ¿la existencia se ve hoy reducida a un agotador instante de autoexplotación (Byung-Chul Han), que solo demora una inevitable y pronta obsolescencia (Gonçal Mayos)? ¿Vivimos bajo una angustiosa perplejidad sin lograr aprender a convivir con la incertidumbre (Daniel Innerarity)? ¿Nuestro acelerado vivir es tan productivo de saber que aboca necesariamente a la ignorancia y la incultura (Brey y Mayos)? ¿El neoliberalismo postcrisis del 2008 ha generado un desconcierto tal que parece imposible volver a «concertarlo» (Mayos, 2020a y 2020b)?

Como el Mairena de Machado, los turbohumanos no solo «sospechan» que han de contestar afirmativamente esas preguntas, sino que «saben» que no tienen otra alternativa. Por ello, ya no pueden caer bajo la ingenuidad del Manifiesto aceleracionista que pretende impulsar la turboacelerada «destrucción creativa» en que estamos situados, para intentar transitar o ver más allá de ella. Saben también de la vanidad, de querer convertir en espectáculo la propia destrucción, será precisamente una de las primeras «vanidades» que ese instante evidenciará hasta el ridículo.

¿Era de ira y miedo?

Karl Polanyi (2003) y Pankaj Mishra (2017), pasando por Richard Sennett (2000) y el Freud de *El malestar en la cultu-*

ra, han mostrado el impacto disolvente de la modernización industrial sobre los equilibrios sociales, psicológicos, culturales y políticos. Pero mayor poder disolvente tiene aún hoy la turboglobalización postfordista, pues las nuevas mentalidades y actitudes que exige el capitalismo cognitivo son mucho más difíciles de desarrollar, incluso, que durante la durísima industrialización fordista.

La acelerada «destrucción creativa» en que vivimos plantea crecientes dificultades de adaptación a los turbohumanos. Pues las nuevas estructuras laborales —incluso en su precariedad— exigen altas capacidades cognitivas y largos procesos de formación que son difícilmente satisfacibles para una parte significativa de la población. Esa es la gran perdedora de la turboglobalización y se siente inútil o —lo que es aún peor— sacrificada por el sistema.

Aunque a veces no acierten en canalizar su irritación, esos turbohumanos damnificados por el sistema están claramente detrás de las «políticas del desconcierto» (Mayos en prensa) de los Trump, Bolsonaro o el Bréxit. Pues intentan dar un voto de claro castigo para ese sistema que no los respeta y que prescinde de ellos cada vez más.

Los turbohumanos angustiados de hoy son hijos y víctimas de la última revolución industrial, de las tecnologías digitales y de una política cada vez más indiferente con los malestares de la población (Polido y Repolês, 2016). Ciertamente ya en la primera industrialización se fueron perdiendo instituciones comunitarias que protegían a los individuos o, cuando menos, les proporcionaban un sentido vital, dignidad y sentimiento de pertenencia.

Evidentemente ello provocó desamparo, desarraigo, soledad, falta de reconocimiento, humillación... Esas sensaciones tienen bases objetivas pero también subjetivas similares a la actual pérdida de protecciones como, por ejemplo, el desmontaje del Estado del bienestar. Por tanto no necesariamente cualquier tiempo pasado fue mejor, pero tampoco es más llevadera la actual industrialización postfordista que la tradicional y fordista.

Posiblemente y en general, en la primera industrialización algunas dificultades fueron más llevaderas porque la gente participaba del entusiasmo por el «progreso» e —incluso— por una revolución que se veía inminente. Gran parte de la población se fascinó por los grandes logros y ventajas del desarrollo tecnológico, y mantuvo la esperanza que ese progreso terminaría eliminando las disfunciones que él mismo generaba.

Triunfando sobre los espíritus ludistas y tradicionalistas, esa seducción hacía olvidar los sufrimientos que provocaba especialmente en los que no se adaptaban o lo hacían con grandes heridas psicológicas. También más allá de minorías muy críticas como los nihilistas, un optimismo generalizado suavizaba hasta bien entrado el siglo XX la visión hegemónica de los sufrimientos del «progreso».

Además se tendía a presuponer que los malestares respondían a vulnerabilidades intrínsecas, inevitables y naturales por parte de sectores de la población que de alguna manera así pagaban su reticencia a la modernización. Incluso aquellos alegres beneficiarios del «progreso» no se sentían responsables de los damnificados, ni tampoco veían necesidad de compensarlos en la medida de lo posible.

Con enormes dosis de insolidaridad, se repetían los errores ejemplificados por la evacuación del Titanic. Recordemos que, además de que se había considerado innecesario disponer de botes salvavidas para todos, hubo crueles privilegios en favor de los pasajeros de primera clase que comportaron una vulneración extrema del resto de pasajeros.

Quizás también reducía algunos profundos malestares, la capacidad moderna de focalizarse optimista y resilientemente hacia los imperiosos esfuerzos adaptativos. Además por entonces todavía estaban vigentes muchas de las instituciones comunitarias y protectoras que la modernidad ha ido destruyendo posteriormente. Nos referimos sobre todo a la familia amplia y los clanes sociales, al consuelo de la religión y de las nuevas ideologías, las solidaridades de vecinazgo, clase o estamento, etc.

Hoy en cambio todo eso ha desaparecido o tiene un papel social muy débil. Además, parece que los turbohumanos están llegando al límite de su capacidad de resistencia y de superación corajosa de las crecientes dificultades que plantean los tiempos.

El resultado es un sufrimiento al que muchas veces no se atiende pero que marca fenómenos sociales de gran amplitud y desolación, como insiste Pankaj Mishra en la *Edad de la ira*. Apunta a fenómenos cruentos como el terrorismo o revueltas violentas destacando que uno de los motores que los anima es la desesperación ante una modernización difícil de sobrellevar y muy angustiante.

Mishra no obvia las distintas ideologías, partidos o movimientos que dirigen esos conflictos, pero destaca la importancia que tienen también los malestares subyacentes, quizás más difusos pero no menos reales y que suelen ser la fuerza que impulsa a la gente a ideologizarse y radicalizarse.

No hay que menospreciar la energía resultante de esos malestares y resentimientos; es de vital importancia calibrar sus causas y consecuencias, sus matices y distinciones, sus aspectos positivos y negativos... Pues más que nunca antes estamos en una época dominada por el miedo, la irritación y la ira. Y debemos saber convivir con ellos, administrarlos adecuadamente y reconducirlos.

¿Una nueva melancolía?

Quien más alardea no suele ser quien mejor soporta el infortunio, la catástrofe ni la terribilidad de la existencia. En filosofía —pero no solamente en ella—, tampoco es quien mejor comprende ni prevé. Nietzsche recordaba que las palabras pronunciadas entre murmullos suelen preceder a las tempestades y que los pensamientos que hegemonizarán el mundo suelen avanzar de forma casi imperceptible. Los grandes cambios suelen ser poco visibles hasta que estallan en la cara de la gente.

Ahora bien, quizás tan solo el fabulador que se ha creado una optimista «protección narrativa» puede mantener el tipo cuando sobreviene la radicalidad de la depresión y el sinsentido. Nadie es más resiliente ante esos conflictos existenciales que el filósofo que ha destruido críticamente (Nietzsche) todas las protecciones narrativas (Hans Blumenberg) desde la metafísica y la religión al progreso o la revolución, y se ha aventurado más allá de ellas. Eso lo apunta maravillosamente Lars von Trier en su *Melancholia* (2011).

Algo parecido ha sucedido con el dominio humano que ha crecido tan poderosamente que ha dado nombre a una nueva era: el antroposceno. Como la globalización humana tiene orígenes antiquísimos pues —casi sin darse cuenta y a un ritmo ciertamente muy lento— la humanidad conquistó la práctica totalidad de la tierra en tiempos prehistóricos (Mayos) y la transformó cada vez más profundamente.

Incluso América fue poblada al menos en dos ocasiones mucho antes de la llegada de Colón o los vikingos. Una misma y única especie homínida ocupó toda la Tierra, extinguiendo incluso a sus competidoras como los neandertales o el llamado hombre de Denisova. En la extensión de su dominio, la humanidad ha sido la causante de la mayor extinción de especies de toda la historia.

No obstante y a pesar de ser realidades tan antiguas y poderosas, solo bien entrado el siglo XX unos pocos comenzaron a formular ideas como la globalización y el antroposceno. Sorprendentemente, por tratarse de procesos tan amplios y profundos, hemos de esperar a finales de siglo e inicios del segundo milenio para que el gran público percibiera la turboglobalización y la magnitud alcanzada en el dominio humano sobre el mundo.

Desde entonces son cuestiones que nos preocupan a todos y que no dejan indiferente a nadie. Hoy ya todos «sabemos» en nuestro interior que hemos devenido turbohumanos y que somos responsables como especie del único «barco estelar» que por bastante tiempo nos es dado ocupar.

Por eso, si alguna verdad hay en los movimientos aceleracionista o transhumanista es que debemos asumir la condición de turbohumanos para no perder definitivamente el contacto con la realidad actual de la mundialización. Debemos asumir nuestra «huella ecológica» como especie en un mundo cada vez más entregado al dominio humano, hasta el punto que puede transformar tecnológicamente nuestra propia condición. En el presente cada individuo está constreñido a realizar su potencialidad turbohumana, globalizada y transhumana, pues en el período antroposceno se está metamorfoseando incluso la naturaleza biológica de la humanidad.

Aunque el aceleracionismo y el transhumanismo tienen razón en criticar la trampa de la autenticidad, esencialidad y naturalidad humana ¿Cual es su gran problema?: la ingenuidad de pretender dominar humanamente algo que va más allá del hombre. Pretenden controlar y acelerar un proceso que les constituye y las hace ser o desaparecer.

Como ya destacó Darwin de la evolución natural de las especies, esos procesos de compleja adaptación y destrucción creativa son mecanismos configuradores ciegos y difícilmente previsibles por nadie, por eso Hayek habló de «compulsión impersonal». En todo caso ello no evita que sea tarea primordial del hombre de nuestro tiempo adaptarse e incluso anticipar la evolución de esos macroprocesos que nos determinan. Pues ciertamente no hay otra especie tan responsable del destino de la Tierra.

Por eso, en la actualidad, la humanidad tiene que asumir su destino turbo y transhumano, para minimizar en la medida de lo posible (incluso fracasando en el intento) que todo culmine en la más impersonal e inhumana de las catástrofes. Es decir que nos encontremos ante una especie de apocalipsis sin nadie capaz de dar testimonio de ella, antihumana por ausencia crítica de la humanidad.

Sería un apocalipsis sin juicio universal, sin rendición de cuentas, incluso sin anticristo y, por supuesto, sin «redención» ni ningún nuevo Mesías. Incluso antes de la catástrofe, ello culminaría en la plena y tan proclamada como diferida «muerte del sujeto». También sería el fin (ahora efectivamente de-fini-tivo) de la metafísica y el anhelo humano de una con-templa-ción que presupone un espectador que mira al mundo como su «templo», su «fin», su «casa» y su «hogar».

Fausto y la paradoja del turbocapitalismo consumista
La actual globalización desenfrenada e impaciente impone una «sociedad del rendimiento» (Han, 2012). Se debe rendir económicamente en todo momento y para conseguirlo, los turbohumanos sacrifican sus proyectos de vida asumiendo los que propone la sociedad del consumo. Ello comporta un verdadero pacto mefistofélico que parece una versión aún más peligrosa que muchos grandes relatos modernos (Lyotard) que marcaron el fordismo como el Progreso y las ideologías.

Ciertamente en el postfordismo el camino no está tan determinado ideológicamente pero —en cambio— deja a los turbohumanos sin ninguna guía. Solo permanece la compulsión impersonal del mercado, pues todo el mundo sabe que —si quiere sobrevivir— tiene que intuirla y servirla. Ello es especialmente difícil porque ésta —como tenía claro Hayek— solo se manifiesta claramente a posteriori, porque es resultado precisamente de las múltiples decisiones de la gente. Por los individuos ¡ya ha tenido que elegir —y han triunfado o fracasado— antes de tomar como guía al mercado! ¡Que solo les servirá para poder hacer su nueva apuesta!

Ese pacto mefistofélico autoexplotador se mantiene vigente no solo en el trabajo y la vida profesional sino incluso en la diversión, la formación y el ocio. Pues, devienen la continuación del rendimiento autoexplotado pero por otras vías. También las pretendidas vacaciones terminan convertidas en una intensiva autoexplotación de turismo y consumo; siendo la continuación de la exigencia de rendimiento pero por otras vías.

Por ello, no es extraño que los turbohumanos estén amenazados permanentemente por el estrés, el burnout, el cansancio crónico y —finalmente— la obsolescencia. Su existir se caracteriza por un «no poder parar», pues quien se detiene termina arrollado por la acelerada destrucción creativa del turbocapitalismo.

El hombre de nuestro tiempo culmina, pues, el anhelo fáustico de experimentar el goce que proclama: ¡instante detente, eres tan maravilloso! Ahora bien ese anhelo se convierte en su propio castigo, pues retroalimenta la dialéctica que le mantiene atenazado. Aunque el turbohumano quiera detenerse y gozar del instante, no puede evitar —contradictoriamente— vender su alma al hiperconsumo mefistofélico, donde nuevos deseos sustituyen incesantemente a los anteriores ¡sin que medie verdadera satisfacción! ¡Esa es la clave de la sociedad moderna y capitalista para mantenerse en una destrucción creativa interminable!

Por eso, si los turbohumanos desean desacelerar o pausar su vida (¡como si realmente fuera suya!) son condenados de manera muy similar, pero por razones inversas, al Doctor Faustus medieval. Éste pecaba porque, en el valle de lágrimas que por entonces se consideraba que debía ser la vida, pretendía satisfacer sus deseos plenamente, al menos una vez. En cambio hoy, el pecado estriba en querer apartarse de esa insaciable dinámica marcada por el turbocapitalismo.

Es un pecado paradojal pues la sociedad del consumo predica que los deseos pueden ser plenamente satisfechos a un módico precio. Pero simultáneamente el sistema se basa en que nadie pueda detener la sucesión infinita de deseos, constituidos en nuevas necesidades a satisfacer imperiosamente. Con ello —similarmente a Fausto— la inagotabilidad del deseo generado comporta perder la propia alma o —equivalentemente— la totalidad de la vida. Se descoyunta todo auténtico proyecto vital autónomo a cambio de una incesantemente acelerada sucesión de deseos, que por eso mismo es imposible saciar, satisfacer.

El hombre de nuestro tiempo comparte con el Doctor Faustus la imposibilidad de detener el deseo y el instante maravilloso. Pero no por falta de una tentación suficientemente seductora, sino al contrario por su exceso. Como apuntaban Debord y Baudrillard, la sociedad del espectáculo multiplica infinitamente las seducciones, pero las convierte en simulacros que —ciertamente no mienten, pues se presentan como tales— pero que han perdido su poder saciador. ¡Incluso aunque algún turbohumano consiguiese descabalgar el tigre furioso del neoliberalismo!

Como dicen que hacían los decadentes patricios romanos, cuando la bulimia consumista impide continuar tragando, siempre ¡se puede «vomitar» lo devorado, volver a comer y seguir así indefinidamente! Parece pues que los turbohumanos están sometidos a la incesante dialéctica de trabajar, consumir, vomitar (o lanzar a la basura) y volver a trabajar. Solo cuando el organismo colapsa finalmente agotado, todo se para. Pero no es aquel «instante más bello» que deseaba Fausto sino el burnout o la obsolescencia lo que le deja —ahora sí— «fuera del mercado».

Es el equivalente neoliberal de la «pérdida del alma» del Fausto medieval. Como entonces, se consigue además que cada individuo se autoinculpe personalmente de haberse convertido en un «loser». Es el gran pecado y la gran culpa, contra los que clamaba siempre Nietzsche. Si bien en un mundo donde la producción y la economía se han convertido en la más profunda «fe» y religión (como ya apuntaba Benjamin).

El sistema ha impuesto a los individuos exigencias contradictorias e imposibles de satisfacer. ¡Y debe pagar personalmente por ello! Pues el sistema transfiere o «privatiza» toda «responsabilidad» a los individuos, que deben asumir entera e individualmente todos los riesgos del sistema (Beck; Han 2017: 97).

Es exactamente la estrategia contraria a la reivindicada, por ejemplo, por Chantal Mouffe: «politizarlos», mostrar su componente colectiva y convertirlos en fuente de transformación social. Pero también eso parece prohibido a unos turbohumanos completamente individualizados y que han perdido toda lazo comunitario.

Autoexplotación incesante de la totalidad de la vida
En *Psicopolítica*, Byung-Chul Han (2014) destaca la gran eficiencia del capitalismo para convertir en productiva la libertad. Generalizadamente los individuos son convertidos en empresas y marcas personales, en autoempresarios (más que «autónomos»). Ello hace que se exploten a sí mismos de forma voluntaria. Devienen «sujetos de rendimiento» que acaban convirtiendo todas las facetas de la vida en una única y la misma: el trabajo, la producción, la inacabable y acelerada caza de oportunidades de negocio.

El taylorismo postfordista, además de las rigideces de la cadena de montaje, destruye las barreras entre ocio y trabajo, vida pública y privada, calle y hogar... También sustituye a los valores «fordistas» de la obediencia, disciplina, paciencia y fidelidad por los «postfordistas» de proactividad, iniciativa, motivación, competencia y optimización. Además consigue colonizar «libremente» y con dinámicas productivas a la totalidad de la vida de los turbohumanos. Ha descubierto que desubicando al trabajador de la cadena de montaje se aumenta su productividad fomentando la creatividad, la cognición, la invención, «I + D + i» (investigación + desarrollo + innovación). Así se liberan esas facultados que son precisamente las que hoy ofrecen mayor valor añadido.

Han (2015: 11 y siguientes) dice en *El aroma del tiempo* que estamos absolutizando la actividad, el mantenerse perpetuamente activo y en movimiento. Ahora bien en contrapartida ello comporta una radical y muy frustrante incapacidad de los turbohumanos para completar, finalizar y concluir. En consecuencia, se apartan de la realidad mucho más incluso que lo hicieron el impulso antimundano del cristianismo o el aristocrático distanciamiento en la vida contemplativa.

Hoy los turbohumanos viven bajo las disfunciones generadas por la multitarea, el spam, el agotamiento y la perdida de verdadera concentración. Generan bloqueos que solo permiten el exigido aumento del rendimiento a costa de convertir en productivo todo el tiempo de vida. Pero paradojalmente, el precariado cognitivo multitarea tiene una rentabilidad mediocre por horas dedicadas y tan solo produce más a base de rentabilizar también las horas que antes eran de ocio y en que se está fuera del «puesto de trabajo» (cosa que permite la actual telemática). Naturalmente, ello va en detrimento del tiempo destinado a «regenerar su fuerza de trabajo» (como decía Marx) y facilita caer en el burnout.

Ahora bien, la presión del sistema postfordista es menos perceptible que en la cadena de montaje fordista. No debe extrañar por tanto que —ante la obsolescencia, el burnout o el fracaso— la responsabilidad termine volcándose en uno mismo y no en el sistema. La presunta libertad se ha convertido en autocoacción, a través de poner toda la vida al servicio de la autoempresa y la propia marca personal.

Así pierden sentido los ideales «revolucionarios» de la modernidad fordista que aspiraban a la revolución, a un hombre nuevo y a una ruptura radical. ¿Contra quien se haría hoy la revolución? ¿Contra uno mismo? Pero además, los turbohumanos viven tan radicalmente la destrucción creativa que desconfían de cualquier «revolución». Pues la modernidad líquida ha institucionalizado el cambio continuo y la aceleración ¡incluso yendo contra uno mismo y el propio deseo!

Por eso lo revolucionario en el neoliberalismo precario es que bloquea los proyectos colectivos, ideológicos y totalizantes. Más bien se centra en garantizar y estabilizar los microproyectos personales de la gente. La utopía está hoy en poder optar por un tiempo-lento (el llamado Slow Movement) y evitar el estrés, la obsolescencia, el burnout, la depresión y otras patologías postfordistas.

El autoexigido cognitariado precario aspira sobre todo a reconstruir un proyecto vital no totalmente sometido a los azares imprevisibles de los mercados. Cansado de la falsa libertad ¡meramente económica! que en todo momento se le ofrece, busca reconstruir una mínima seguridad existencial que le garantice un cierto proyecto vital. También en este aspecto el ansia de libertad de las décadas de 1950 a 1970 se ha visto sustituida —hoy— por un mayor deseo de seguridad (Bauman y Tester, 2002).

La libertad que ofrece el desierto postfordista tiene por contrapartida la desorientación, el agotamiento y el vivir inhóspito. Cansados de la «obligación» de que «florezcan mil flores a cada instante», los turbohumanos añoran la seguridad del oasis por pequeño que sea, que permite que florezca el microproyecto personal o comunitario.

Como vemos, en las sociedades postfordistas quedan muy lejos la dominación y la explotación que bloquea los caminos del laberinto clásico y que se ejemplifican en la cadena de montaje y las instituciones totales analizadas por Foucault. Sus indudables aspectos opresivos e hiperdisciplinarios, hoy son sustituidos por la autoexplotación, la desorientación y la añoranza de los liderazgos fuertes. De aquí la angustia visible en las políticas del desconcierto que fomentan autoritarismos como los de Trump, Putin o Bolsonaro. Pues hoy el precariado damnificado por la turboglobalización neoliberal se siente muchas veces como un «perro abandonado» y busca un «amo».

Suele ser un síndrome psicológico que se percibe tras la dependencia respecto a las terapias, el coaching, los libros de autoayuda, el management personal, el mindfullness, la inteligencia emocional, la resiliencia e incluso el «poder pastoral» (Foucault) presente, por ejemplo, en la llamada «teología de la prosperidad» evangélica. Son maneras parecidas de superar un sentimiento de desespero y abandono como esos perros que vagan por las calles acercándose a cualquier persona por poco amable que sea y a la que piden que los «adopte». Son sutiles formas por las cuales los turbohumanos intentan llenar la ausencia de vínculos comunitarios y no volverse locos (Bernard Stiegler, 2016, *Dans la disruption: Comment ne pas devenir fou?*). Por eso hoy constituyen un floreciente sector «productivo», con gran impacto económico.

En cierto sentido son la otra cara del optimismo banal y New Age que hace recaer en cada individuo toda la presión y responsabilidad del sistema. Son ayudas por las cuales los turbohumanos intentan superar la sensación que son como náufragos que, en medio del mar o del desierto, ya solo esperan encontrar alguien que los lleve consigo. Ni tan siquiera se plantean la posibilidad de que podría ser alguien peligroso, pues ante el infierno de la soledad y la desorientación, cualquier cosa es mejor que nada.

Lamentablemente se parecen a esos «refugiados» exhaustos que caen bajo las mafias traficantes, en su camino hacia Europa o los Estados Unidos. Agotados, desorientados y desesperados, sencillamente ya no pueden luchar contra todos y con sus solas fuerzas. Quizás después de muchos esfuerzos y de mostrar gran valentía, al final solo pueden entregarse sin condiciones, como el perro abandonado o bajo el burnout.

Se han diagnosticado conocidos mecanismos de culpabilización y autoinculpación, siguiendo la dialéctica formulada por Nietzsche: los humanos prefieren la voluntad de nada a la nada de voluntad, prefieren autonegarse a negar un Sentido que durante tantos milenios la humanidad sacralizó. Salvando las distancias, el hombre de nuestro tiempo —como los canes sin amo— siente la tentación de aceptar cualquier alternativa. Sea cual sea, la prefiere a continuar la agotadora travesía sin fin por el desierto, buscando continuamente cazar alguna oportunidad de negocio, producción, invención, desarrollo, visibilización, rentabilidad, consumo...

¿Somos y valemos lo que nuestra cognición?
En 1763, Denis Diderot redacta una significativa carta dirigida al ministro de la monarquía francesa encargado de dirigir el mundo editorial. El entonces director de la Enciclopedia francesa insistía en que la propiedad intelectual es el único bien poseído por la mayoría de los escritores sin privilegios nobiliarios ni herencia familiar.
Diderot recuerda que los escritos son «la obra de su espíritu, fruto único de su educación, de sus estudios, de sus vigilias, de sus tiempos, de sus búsquedas, de sus observaciones;

[...] las horas más bellas, los momentos más hermosos de su vida; [...] sus pensamientos íntimos, los sentimientos de su corazón, la parte más preciosa de sí mismo, esa que no perece y que lo inmortaliza». Por eso se preguntaba finalmente: «¿Quién está en más derecho que el autor para disponer de su obra, ya sea para cederla o para venderla?».

Ciertamente Diderot hablaba básicamente como uno de los pocos intelectuales, escritores y editores que podían ganarse la vida con esas profesiones en el incipiente «capitalismo de imprenta» (Anderson, 2005) del siglo XVIII. Para él y sus compañeros ilustrados, sus capacidades cognitivas y culturales eran a la vez su único capital (hoy añadimos «humano»), su propiedad privada y su fuerza de trabajo.

Era casi lo único que los diferenciaba de los braceros o trabajadores manuales muy mayoritarios en la época y los convertía en trabajadores intelectuales. Solo así —como el ideal de «gentil cuore» de Guinizelli o Dante— conquistaban una cierta «aristocracia del espíritu» y entraban en una «república de la letras» autoproclamada y libérrima. Desde ella y tan solo con la fuerza de las palabras, intentaban convertirse en líderes morales y educadores de la naciente opinión pública (Koselleck, 1993 y 2007; Habermas, 1981).

Pues bien, actualmente se ha extendido a la gran mayoría de los turbohumanos esa condición «cognitiva» que inauguraron los Diderot y otros ilustrados. Por eso, el antropólogo e historiador Ernest Gellner (1994, 1998 y 2003) afirmaba que —para los humanos modernos— la cultura se ha convertido en su propiedad más importante y característica, pues incluso les da la base de su identidad nacional, profesional e incluso humana.

Pues ciertamente en el capitalismo cognitivo, todo el mundo «vale» lo que la demanda-oferta dictamina que «vale» su cognición. Por eso se habla de «cognitariado» y el saber se considera el principal factor de producción y de trabajo. Como anticiparon McLuhan y Powers (1989), en la «sociedad red» las nuevas tecnologías de la información y la comunicación se han convertido en auténticas e imprescindibles «prótesis de lenguaje, o sea, de pensamiento» (Lyotard, 1996: 99).

Analicemos algunos de los grandes cambios que ello provoca en la mayor parte de los aspectos de la vida cotidiana. Por una parte, la optimista positividad neoliberal ve liberado al trabajador fordista que estaba ligado o «encadenado» como un esclavo a su lugar de trabajo y en la cadena de montaje. En cambio, el trabajador postfordista se ha convertido en un «emprendedor» mucho más libre y capaz de escoger dónde, cuándo, cómo y en qué quiere trabajar.

En el otro plato de la balanza hay que colocar —no obstante— los aspectos negativos o peligrosos que colocan toda la presión exclusivamente en el individuo. Ciertamente ya no recibe tantas órdenes ni latigazos (físicos o morales) en el trabajo pero se queda solo y debe autodeterminarse, motivarse e incluso autofustigarse —si hace falta— para mantenerse en el mercado. Como apunta Han, la explotación dirigida por el patrono y ejecutada por el encargado taylorista se ha convertido en autoexplotación, ejecutada por uno mismo sobre uno mismo.

Por eso son muy distintas y disruptivas las angustias, patologías y posibles obsolescencias que amenazan a los turbohumanos. Su condición de posibilidad es el nuevo modo de producción postfordista, basado en el saber, el conocimiento, la innovación y el desarrollo tecnológico. Por eso los turbohumanos también merecen el nombre de «cognitariado», por la naturaleza de su principal «fuerza de trabajo», y de «precariado» por la más generalizada situación laboral y existencial (Mayos, 2013, «Cognitariado es precariado. El cambio en la sociedad del conocimiento turboglobalizada»).

Sociedad del «conocimiento», «espectáculo» y «desconcierto»: ¿condición existencial?
El modelo tradicional de alta cultura, nacido con la escritura y democratizada crecientemente con la imprenta, ya no es el de los turbohumanos. La alta cultura, elitista, libresca, de un humanismo heroico o ascético... se ha convertido en cultura popular, de masas, mucho más banal, hedonista, consumista y adoradora del poder tecnológico.
Además hoy el hipervínculo y el maltusianismo en la información destruyen las estructuras humanistas e ideales que caracterizaban a los grandes sabios renacentistas. Claramente cada vez sabemos más, pero entendemos menos. La cultura general orientadora del humanismo se ha hecho extraña para el hombre de nuestro tiempo. Los turbohumanos viven en la dispersión angustiante de microdiscursos en pugna constante por su visibilidad y credulidad.

Por eso dominan sin aparente oposición la postverdad, las Fake News, el nihilismo y la sociedad del espectáculo. Chocan paradojal y angustiosamente con la llamada sociedad del conocimiento y el increíble poder de la tecnología. Los turbohumanos asumen como nunca antes la consigna de Francis Bacon «saber es poder». Por tanto concluyen que todo saber impotente no puede ser auténtico Saber.

El problema es que bajo las «políticas del desconcierto» (Mayos, 2021a y 2021b) de Trump a Bolsonaro la postverdad se demuestra poderosísima. El desconcierto hace que los turbohumanos busquen de nuevo líderes mesiánicos, fuertes y autoritarios. Cuando el sentido desaparece y no hay guías seguras, la fe en el líder se vuelve la gran tentación. Por eso van juntas postverdad, postdemocracia y las democracias iliberales, pues las tres tienen su condición de posibilidad en el «desconcierto».

Paradojalmente el hombre de nuestro tiempo experimenta la conjunción inseparable de la sociedad del conocimiento y del espectáculo, del inmenso poder de la tecnología y de la postverdad, del cognitariado mejor formado de todos los tiempos y —también— el más precario y desconcertado. Esa es la paradojal y disruptiva condición existencial de los turbohumanos.

La sociedad del conocimiento lo es también de la ignorancia (Mayos y Brey, 2011; A. Keen, 2013, *Digital Vertigo. How Today's Online Social Revolution is Dividing, Diminishing, and Disorienting*). Internet es a la vez la actual y completa «biblioteca de Alejandría» y la frustrante «biblioteca de Babel» de Jorge Luis Borges. Todos los turbohumanos tienen una doble naturaleza y existencia extímica: en parte «cara a cara» y en parte virtual-digital. Todos están escindidos en esa dualidad de avatares, muchas veces opuestos.

Pero ciertamente el yo corporal y biológico siente crecientemente esa «vergüenza prometeica» que según Gunther Anders siente el hombre de nuestro tiempo frente a sus creaciones tecnológicas. Pues éstas lo superan y humillan, como el «aprendizaje y pensamiento profundo» de la inteligencia artificial y los algoritmos de los Big Data superan hoy a los mejores expertos humanos.

No sorprende por tanto que crezca el anhelo del hombre de nuestro tiempo por convertirse definitivamente en cyborg y en transhumano. Pues siente que precisa de todas las prótesis posibles para retrasar su inevitable obsolescencia personal, colectiva y como especie. De una manera «maternalmente» suave y condescendiente se manifestó esa inevitable vergüenza prometeica en la película *Her*. Recuerden: un sistema operativo de gran éxito en la gente, ha aprendido todo lo que podía de los humanos y, aunque aprecia a muchos de ellos, se aburre tanto con ellos, que precisar huir y relacionarse solo con poderosos sistemas expertos como él. Al despedirse, propone algo así: si algún día te desarrollaras y pudieras ir donde yo voy, ¡llámame! Si algún día dejas de ser turbohumano y llegas a ser «transhumano» (en el sentido del *Übermensch* de Nietzsche, que es un «nuevo comienzo»), podremos volver a «hablar» y a «vivir» juntos.

Pero como le pasa al escritor que descubre el «aleph» (en el cuento homónimo de Borges), la concentración de información que éste la aporta le impide administrarla y —por tanto— escribir. Pues la bulimia informativa del aleph bloquea el lentamente reflexivo «discurrir» de la narrativa mente humana. Lo mismo pasaría con la visión desde la «mónada de mónadas» de Leibniz o incluso de la «ars magna» de Ramón Llull que descubre nuevas verdades que ningún humano puede emular o incluso validar. Por eso la inteligencia artificial que precisamente la turbohumanidad está construyendo, la está superando irremesiblemente. ¡Y por tanto apuntando a su obsolescencia cognitiva!

¿Nos llevará al estadio superior del desierto o a la selva de n dimensiones en que se está convirtiendo el mundo turbohumano? Baudrillard anticipó certeramente que en el capitalismo cognitivo todo, incluyendo el sistema de los objetos, se estructura como un lenguaje. Todo acaba reducido a una manipulación semántica de signos, sin ninguna pretendida realidad «fuerte», «sólida» ni «verdadera» tras ellos. Al menos una verdad que la humanidad pueda confirmar o validar.

Este es otro nivel más de superación de la realidad que tan esencial era para la modernidad sólida. Desaparece en la fluidez baumaniana y —aún más— en la reducción de todo a un sistema de objetos que se estructuran como signos y se mueven como meros simulacros de una forma totalmente abstracta donde todo parece posible e ignoto.

Por eso en su tesis doctoral, Baudrillard afirma que el consumo «no es ni una práctica material, ni una fenomenología de la 'abundancia', no se define ni por el alimento que se digiere, ni por la ropa que se viste, ni por el automóvil de que uno se vale, ni por la sustancia oral y visual de las imágenes y de los mensajes, sino por la organización de todo esto en sustancia significante; [...] En cuanto que tiene un sentido, el consumo es una actividad de manipulación sistemática de signos».

Por eso el consumo capitalista ha superado totalmente la perspectiva «material» de las necesidades y funciona ya tan solo con seducciones semióticas y simulacros. Aunque eso no es —sin duda— una novedad absoluta para una especie cultural e hipersocial como la humana (Edward O. Wilson), donde el grupo inculturaliza a sus miembros a través de valores o «hiperbienes» (según Charles Taylor) por encima de cualquier referencia «objetivamente real».

En la humanidad hipersocial nunca se accede a la realidad en la soledad individual sino desde la colectividad y la cultura engendrada por ella. Tras la postmodernidad, el hombre de nuestro tiempo vive en esa radicalización disruptiva que tiene su paralelo en el capitalismo financiero que parece haber perdido todo anclaje en lo que se denomina «economía real». La necesaria creatividad de «I + D + i» se acaba focalizando en un cognitivismo digital que mezcla a veces indistinguiblemente las grandes revoluciones tecnológicas con los meros cambios de imagen, marca, tematización...

Parece que el capitalismo avanzado —como apuntan Baudrillard, Jameson y tantos otros— ya solo puede seguir su imparable acumulación superando los intercambios en el mundo de objetos en lo inmaterial, intangible, financiero, tematizable, en las marcas y otros simulacros.

Desorientación turbohumana

Vivir bajo la aceleración es una característica clave del hombre del mundo postfordista, turboglobalizado y digital. Transforma las profundidades y la espuma superficial de las modas, provocando un grave desfase en la capacidad de los turbohumanos para hacerse cargo, comprender y gestionar su presente. Por eso se sienten cabalgando un tigre enloquecido y obligados a escoger entre angustiosos dilemas.

Por una parte muchos turbohumanos están tentados de encerrarse en el microcosmos social, cultural o tecnológico donde se sienten seguros. Pero entonces corren el riesgo de quedar marginados a medio o incluso a corto plazo. A su vez muchos otros optan por luchar hasta la extenuación para actualizarse y adaptarse al cambiante macrocosmos social. Es decir multiplican y diversifican los esfuerzos para satisfacer al máximo las exigencias sociales, pero a riesgo de caer en el burnout o el colapso general del propio organismo.

Las experiencias recientes de los que se han resistido a asumir y capacitarse para las nuevas tecnologías junto con la presión que el neoliberalismo ejerce sobre las administraciones y las personas hacen que la segunda opción sea muy mayoritaria. De alguna manera definirse como turbohumano ya presupone esa lucha por mantenerse actualizado, ahora bien ello comporta un nuevo dilema.

En primer lugar eliminar las opciones personales, del microcosmos adyacente o ideológicas que choquen con las exigencias del macrocosmos social. Por tanto consiste en asumir al máximo la «compulsión impersonal» de lo que se suele llamar «el sistema», «el Stablishment» o «la realidad». Ello permite concentrar todos los esfuerzos personales en adaptarse, maximizando las posibilidades de integración y minimizando toda disonancia tanto dentro de uno mismo como en el micro o en el macrocosmos.

Sin embargo también tiene un importante inconveniente: desarma cualquier defensa personal o grupal ante las dinámicas sistémicas y, por tanto, aumenta la propia vulnerabilidad ante las contradicciones del sistema. En la medida que han sido totalmente asumidas, se ha renunciado a estrategias de defensa (incluso mentales) y a lo que llamamos «planes alternativos».

La respuesta opuesta al dilema sería rechazar o al menos discutir alguna exigencia del sistema que nos sea especialmente conflictiva y, por tanto, construir críticamente respuestas a ella ya sean íntimas o públicas, personales o en el contexto social. La contrapartida es que esa opción conlleva un considerable coste extra de energía y tiempo, que distancia a los turbohumanos de esa acelerada sociedad que tanto los exige.

Es un importante inconveniente dada la presión del mundo neoliberal pero también ofrece la ventaja de que permite anticipar, negociar o responder a la dinámica macroscópica sin depender totalmente de ella. Permite prever algún plan «b» o proyectos alternativos incluso vitales cuando los iniciales se muestran imposibles. Ahora bien, los turbohumanos saben que esas otras opciones tampoco no tienen garantizado el éxito y —además— comportan un alto gasto de energía.

Los dos dilemas encabalgados son especialmente exigentes para los turbohumanos aunque sin duda también se han dado en épocas anteriores y menos aceleradas. Así desde las sociedades tribales hasta los primeros Estados-nación posteriores a la Paz de Westfalia, el cambio tecnológico y social era bastante lento y se daba en contextos básicamente de los llamados juegos-de-suma-igual-a-cero.

Por eso tales sociedades solían estructurarse estrictamente a partir de la gran dualidad endo-exogrupo, nosotros-ellos y amigos-enemigos. Además, lo que ganaba un grupo o un individuo lo perdía algún otro. Por lo tanto la cooperación era restringida a contextos que garantizasen al máximo o bien una cierta reciprocidad o bien un claro dominio. Por ello esas sociedades tendían a exigir a sus miembros —incluso violentamente— una sumisión vertical, jerárquica y autoritaria a los valores grupales.

En consecuencia, solían eliminar o subordinar las opciones personales, lo cual —por el cambio lento— era muy parecido a encerrarse en el ámbito de seguridad personal, que en sus formas más radicales era la opción que solían adoptar los miembros menos dotados o más rígidos. Tan solo algunas veces y en circunstancias especiales, esas sociedades también recompensaban a los que conseguían construir respuestas al *status quo* heredado que eran asumibles para el conjunto del grupo. Pues tales respuestas respondían a la necesidad social de adaptación a entornos que cambiaban aunque fuera lentamente.

Todo ese equilibrio se ha roto con la aceleración creciente de los cambios que caracteriza las sociedades avanzadas. Además su impacto disruptivo ha trastornado profundamente la valoración de aquellos que rechazan evolucionar y se cierran sobre sí mismos. Pues, para los turbohumanos son opciones con unos costes prácticamente inasumibles a medio e incluso corto plazo.

Por otra parte, la turboglobalización y la industrialización han generalizado los juegos-de-suma-más-que-cero. Éstos potencian la cooperación, el intercambio, la interdependencia, la comunicación, la movilidad, el bienestar común y desencentivan la violencia tanto intra como intergrupal. Por eso

—a pesar de las resistencias y los conflictos— la inclusión, la pacífica cooperación, el mestizaje, el multiculturalismo, la integración... tienden hoy a ser más valorados que la exclusión, la xenofobia, el dominio violento y el supremacismo cultural no consensuado.

Es otro importante motivo por el cual los turbohumanos difícilmente pueden optar por el cierre obsesivo a todo reto. Las sociedades postfordistas y turboglobalizadas se basan sobre todo en la innovación y penalizan a los que se resisten al cambio. Tal actitud es vista como una clara muestra de incapacidad personal y laboral que, por tanto, condena a los turbohumanos. Tampoco es demasiado valorada la total y mecánica subordinación personal a los criterios sociales.

Ciertamente el seguidismo del pensar hegemónico suele ser fácilmente perdonable en todos los tiempos, e incluso suele ser muy recompensado. Ahora bien, la conformidad mecánica suele ser rechazada por el modelo moderno de producción que se empezó a construir en la modernidad ilustrada, se confirmó con la revolución industrial y ahora se ha radicalizado con el postfordismo.

Por eso en las sociedades avanzadas —al menos discursiva, pero también pragmáticamente— se ha impuesto generalizadamente las actitudes con base estratégica. La adaptación al cambio no solo se asume como una prioritaria necesidad social, sino que además se considera que los turbohumanos deben aprender a prever e impulsar dichos cambios. Actualmente las sociedades compiten entre sí sobre todo por su capacidad de desarrollar innovaciones tecnológicas, científicas, económicas e incluso políticas. Por tanto incentivan al máximo que sus miembros desarrollen sus capacidades creativas, incluso al coste de ir en contra de la ancestral tendencia humana a privilegiar la adaptación de los individuos a los criterios sociales.

Se asume crecientemente que solo fomentando el autoexpresivismo individual y colectivo —lo que puede conllevar algunos desajustes sociales— se puede responder adecuadamente a los imperiosos retos de creatividad, desarrollo, innovación, reciclaje y adaptación constantes. Por lo tanto se fomenta la subjetivación, la autonomía, la independencia y el autoexpresivismo individuales como condición de posibilidad del modelo postfordista de desarrollo y de la competitividad neoliberal entre sociedades.

El fomento de subjetivaciones más autónomas, proactivas y autoexpresivistas entre los turbohumanos es clave para superar la creciente incertidumbre resultante del cambio acelerado y disruptivo. Éste, además de obsolescencia cognitiva e ignorancia, conlleva dos consecuencias primordiales:

En primer lugar, hay que tomar decisiones en contextos imprevisibles, donde ni de lejos disponemos de una información mínimamente suficiente y ya no digamos «completa» (*Inneratity*). En segundo lugar, hay que superar la angustia social que ello provoca y que desestructura las formas tradicionales de vida, incluyendo las políticas y laborales.

El aumento de incertidumbre por el cambio acelerado hace menos previsible la sociedad y mina la necesaria confianza de los turbohumanos. Y lo hace precisamente, cuando esa confianza es mucho más necesaria: en sociedades tan conectadas y basadas en la comunicación como son las turboglobalizadas. Por tanto, los retos actuales no se solucionan solo con voluntarismo sino que exigen una notable profundidad y adaptabilidad cognitiva.

La creciente complejidad en las sociedades avanzadas convierte en imprevisibles las consecuencias que resultan en el mercado por las múltiples decisiones tomadas por los agentes económicos. Ahora bien, paradójicamente, sí que podemos prever el resultado nefasto de no tomar ninguna decisión o —incluso— optar por aquellas claramente erróneas (por ejemplo por miedo o desidia). En pleno antroposceno y lo que se ha venido a llamar «la modernidad reflexiva» (Beck, Lash...), la humanidad tiene un impacto tan importante sobre casi todo que debemos reflexionar detalladamente todas nuestras decisiones para —al menos— reducir sus peores impactos.

Por todo eso, los turbohumanos deben asumir los costes inasumibles y a largo plazo de su inacción individual y sobre todo colectiva. En medio del cambio acelerado, bloquearse o negarse a tomar decisiones innovadoras no significa quedarse igual que antes, sino retroceder y caer víctima de los tiempos. Tenemos un claro ejemplo de ello en el notable bloqueo actual de las necesarias medidas ante un cambio climático cada vez más peligroso.

De nuevo, la historia acelerada impulsa a quien procura ir a su ritmo, pero arrastra inclementemente por los suelos a quien se resiste a su empuje. Por la proximidad del presente a un futuro que corre hacia nosotros (o nosotros hacia él) a toda velocidad, los turbohumanos no se pueden permitir prescindir de la sostenibilidad a largo plazo ni de los intereses de las generaciones futuras. Evidentemente no todo puede ser previsto en las decisiones a tomar, pero sí que se puede prever el terrible impacto negativo de no tomar decisiones.

Cambiar la relación futuro-presente-pasado
No es ninguna paradoja recordar que el futuro solo se puede construir sólidamente desde un proyecto disruptivo, pero

que dé respuesta a la más realista ontología del presente y que —también— mantenga un fiel anclaje a la propia condición socio-cultural. Incluso turbohumanos que parecen haber perdido todo contacto con la tradición, deben reconocer que solo se puede construir un futuro firme y atrevido bajo un buen diagnóstico del presente y una sabia deconstrucción del pasado.

La turboglobalización ha cambiado la jerarquía tradicional de los tres grandes «tiempos»: futuro, presente y pasado. Los turbohumanos deben reconjuntarlos creativamente. Construir el futuro, desde la más lúcida captación del presente y reequilibrando adecuadamente los compromisos con el pasado. Pues éste —que tradicionalmente era condición y base inequívoca para presente y futuro— se ha convertido con la turboglobalización en un tiempo deconstruido constantemente para reequilibrar el ser amenazado de los turbohumanos. ¡Solo así será posible salvaguardar su plena humanidad!

Angustiante apertura

Como ejemplifica la tesis XI^a de Marx sobre Feuerbach, la modernidad se ha caracterizado durante un largo período por la idea de que, como era fácil pensar el mundo, los esfuerzos se tenían que concentrar en cambiarlo. Había una excesiva confianza en el intelecto humano que daba por supuesta su capacidad para conocer la realidad.

Por eso se presuponía que, similarmente a como se dominaba tecnológicamente la naturaleza, se podía transformar adecuadamente las sociedades e incluso a la misma humanidad. Así el proyecto baconiano del «saber es poder» enlazaba con la «ingeniería social» de Comte y con la mencionada tesis onceaba de Marx sobre Feuerbach. La filosofía —convertida en tecnología, sociología o materialismo histórico— estaba madura para pasar del mero conocimiento (quizás todavía muy metafísico) a la planificada y rupturista transformación del mundo.

Así lo parecía demostrar, incluso, la experiencia de las revoluciones inglesa, americana o francesa. Aunque los historiadores ya mostraban que habitualmente esos procesos revolucionarios habían adquirido derivas que sorprendían a sus propios impulsores, las interpretaciones hagiográficas posteriores solían imaginar un exitoso plan conspirativo de, por ejemplo, cierta burguesía.

Según esa visión, lo planificado secreta y racionalmente, en un primer momento, era ejecutado con gran precisión un poco más tarde. Era tal la confianza en esa interpretación de las revoluciones modernas que parecía «culpablemente» perezoso e infantil demorar la necesaria transformación de la realidad. Pues, si se sabía lo que se había de hacer y cómo llevarlo a cabo, ¿por qué no ponerse manos a la obra inmediatamente?

De poco servían los avisos de que era más fácil iniciar violentos cambios que no conseguir conducirlos de acuerdo con los objetivos previstos. Por eso se minimizaba la experiencia de los revolucionarios franceses guillotinándose entre ellos, se justificaba su caída bajo el consulado de Napoleón —primero— y su Imperio —después— e, incluso, se obviaba la muy antirrevolucionaria restauración borbónica. Algo parecido sucedió con la cara más oscura de las revoluciones bolchevique, maoísta o incluso de los llamados Khemeres Rojos.

Pero finalmente el descrédito de los grandes relatos modernos (Lyotard) junto con la acelerada y turboglobalizada «destrucción creativa» (Schumpeter) mostraron no solo la gran dificultad humana para dirigir esos grandes cambios, sino incluso para anticiparlos o incluso llevar a cabo una válida «filosofía del presente» (Mayos).

En contra de la idea ilustrada del Progreso, que presuponía la fácil conducción humana de los cambios tecnológicos y político-sociales, éstos se presentan hoy tan acelerados, complejos e imprevisibles que desconfiamos de que puedan ser controlados por nadie humano. Por eso se impone una perspectiva no anticipable (cuando no catastrófica) que tiene la estructura de la evolución darwiniana o de la «compulsión impersonal» de Hayek (19).

Se trata de procesos abiertos, acelerados y de tal complejidad que parece imposible extraerles un «sentido» para los humanos. Quizás solo podremos enfrentarnos a ellos cuando se desarrollen plenamente los últimos avances en la inteligencia artificial de los Big Data. Mientras tanto nos angustian y deseamos que disminuya el ritmo de metamorfosis y recuperar un poco la «solidez» de otros tiempos.

Ahora bien, como resulta vana esa ingenua esperanza, los turbohumanos se concentran desesperadamente en construir alguna filosofía del presente que les permita dar un «sentido» al devenir. En el fondo, esa ha sido la gran estrategia del moderno *zoon logon*, conscientemente lingüístico, narrativo y racional.

Solo así los turbohumanos pueden recuperar una cierta tranquilidad, esperanza y confianza consigo mismos. Pues, en caso contrario, el hombre de nuestro tiempo se siente agarrotado por una inminente obsolescencia y —en su lucha contra ella— fácilmente se «quema». Hoy el síndrome del burnout ya es un signo global antropológico y amenaza mucho más allá de lo profesional. Por eso se han convertido en crónicos y generalizados los estados de insatisfacción, angustia, estrés, frustración, desmoralización, falta de autoestima y pánico.

Son los distintos grados de patologías típicas de lo que Han llama la «sociedad del cansancio». Es una forma de vida que nos exige constantemente en exceso, que se basa en la más radical autoexplotación y en la movilización total de uno mismo. Pues todos los recursos personales ya son tan solo un «capital humano» que hay que maximizar y rentabilizar día y noche.

Así toda la vida queda sometida a una dialéctica que elimina la libre disposición del tiempo y convierte en eufemismos términos como «ocio» o «tiempo libre». Lo más prohibido y peligroso es el «dolce far niente» en la medida que lleva simplemente al sujeto a renunciar a cualquier oferta, servicio o producto que alguien quiera venderle.

Por eso hoy son en el fondo inaceptables para la sociedad «del cansancio» (Han) algunos de los grandes ideales clásicos, que incluso se han convertido en incomprensibles. Los turbohumanos no pueden entender que el no sufrir y la *ataraxia*, en tanto que ausencia de turbación, son inseparables del no desear y de la *apatheia*. El hombre de nuestro tiempo confunde esa ausencia de deseo y apasionamiento con el ascetismo cristiano o con la represión.

La eliminación del deseo por mandato divino no la saben distinguir de la destrucción de cualquier goce. No conciben complacerse —que también es goce— ante el vaciamiento de turbación ajena para simplemente centrarse en uno mismo, en el propio ser y en la íntima necesidad. ¡Apartándose de las imposiciones del mercado, de los mandatos ajenos y de las incitaciones no realmente deseadas, para complacerse solo en uno mismo y las íntimas solicitaciones!

Para los turbohumanos el ocio, el turismo, el consumo, el entretenimiento e incluso la diversión en absoluto son «tiempo libre» y aún menos «dolce far niente». De alguna manera e inevitablemente se han reciclado en producción, inversión o «formación del capital personal» que están determinados en el neoliberalismo desde fuera del sujeto. ¡Incluso diríamos que en contra del sujeto! Como apuntaba Foucault, más bien sujetándolo que no convirtiéndolo en el pretendido yo dominante o foco subjetivo de donde parte toda certeza cartesiana.

Enrique Dussel dice muy bien que tras el «yo pienso» viene indefectiblemente el yo domino. Pero el mundo moderno capitalista ha aprendido a reducir cualquier expectativa o dominio a producción: ya sea producir trabajando o producir consumiendo; ya sea producir vendiendo o comprando; ya sea producir invirtiendo o formando el «capital personal» de un hombre-marca y empresario de sí. En definitiva un dominar económico tecnológico que es al mismo tiempo un ser dominado económica y tecnológicamente.

Agorafobia y «jaula de acero»

La turboglobalización neoliberal ha desmontado la «cápsula» protectora (Blumenberg) que era la otra cara de la «jaula de acero» weberiana. Ya el primer capitalismo destruyó muchas de los vínculos y comunidades tradicionales. El hiperindividualismo ha ido mucho más allá y ha culminado la colonización total de la vida por la «compulsión impersonal» del mercado. Se han minimizado las protecciones que todavía persistían en el fordismo como la fuerza negociadora de los sindicados, la cohesión de las masas trabajadoras en grandes fábricas, el Estado del bienestar o la planificación con empleo garantizado.

Incluso en el «socialismo real» no había garantía de poder trabajar en la dedicación o bajo las condiciones deseadas, pero el pleno empleo era un objetivo común tanto para los Estados capitalistas como los socialistas. Eso se ha convertido hoy en un mero reclamo propagandístico pues la inteligencia artificial y la robótica están confirmando la predicción de Jeremy Rifkin (1995) del «fin del trabajo» masivo.

La expectativa a medio plazo y a nivel mundial es que una gran parte de la población no será absorbida laboralmente por los mercados. Naturalmente hay propuestas que paliarían los terribles efectos como la reducción generalizada de la jornada laboral. Pues redistribuiría una productividad que continúa aumentando y los puestos de trabajo que disminuyen. También la «renta básica universal» permitiría que los trabajadores en paro crónico pudieran subsistir largas etapas fuera del mercado, o incluso permanentemente.

Pero de momento la sociedad «de la precariedad» no garantiza ninguna de esas soluciones. Al contrario, insiste en incentivar la «positividad» individualista y autoexplotadora del «si quiero verdaderamente obtener formación o empleo, ¡los conseguiré!» Puede ser una solución individual a medio plazo pero —muy difícilmente— colectiva, para todos y a largo plazo. Pues se basa en la concurrencia entre individuos por un número de empleos que se va reduciendo radicalmente por la evolución tecnológica.

Aumenta por tanto la competencia laboral, la distancia entre oferta-demanda y la angustia psicológico-emocional resultante. Ello nos parece una de las más importantes causas de las tensiones que hay detrás de las «políticas del desconcierto» (Mayos, 2019) y de los sorprendentes triunfos electorales de Trump, el Bréxit, Bolsonaro, Vox, etc. Enlazan con la indignación y el desconcierto de los sectores sociales damnificados por las crisis post2007, la turboglobalización y los cambios tecnológicos.

Como se sienten solos y abandonados por los políticos, los turbohumanos damnificados optan por propuestas basadas en el nosotros contra ellos que claramente expuso Carl Schmitt. Quizás no son ninguna sólida garantía de mejora, pero son un grito profundo de angustia, desespero y desconcierto. De alguna manera esperan ser ayudados, si no por el Stablishment tradicional, sí por esos nuevos líderes y élites mesiánicos. En su angustia confían obtener mayor seguridad transaccionando libertad, derechos, redistribución y reconocimiento a cambio de orden, valores inequívocos y un poder claro al que tener como referente.

Como en la teología política de Schmitt o Leo Strauss y similarmente a muchas religiones, se adora y sacraliza un poder que a la vez es temido. Quizás sintiéndose culpables por sus actitudes políticas durante los años de gran crecimiento económico, muchos turbohumanos aceptan como un castigo necesario las duras políticas impuestas por el populismo autoritario de derechas. Significativamente tienen mucho que ver con las posteriores al Crac de 1929. Y como entonces, quieren confiar que con la penitencia, podrán congraciarse con el Poder, movilizarlo en favor propio y suavizar su triste condición actual. A través de las tecnologías de las redes sociales, reeditan dialécticas tradicionales de servidumbre voluntaria que ya apuntó Étienne de La Boétie a mediados del siglo XVI.

Aparece así un elemento de postverdad que —a pesar de ciertas novedades— también tiene claros antecedentes en el ministro nazi de propaganda Joseph Goebbels, e incluso antes. Pues como saben los expertos psicólogos y los estafadores, es la ansiedad tras el deseo lo que hace que el engaño se convierta en absolutamente seductor. De tal manera que se pierde la capacidad de distinguir entre verdad y mentira, entre los hechos y las fantasías, precisamente cuando aparece esa especie de «anhelo por ser engañado».

Las crecientes políticas del desconcierto nacen pues de una desesperada relación con el Poder que no es plenamente racional ni objetiva. Más bien, es básicamente imaginaria, compulsiva, resultado de una necesidad psicológica para apaciguar la angustia y —por ello— las frustraciones recibidas son compatibles con recaer en la alienación —incluso reiteradamente.

Pues una especie hipersocial (además no angélica y también egoísta) como la humana quizás lo que menos puede soportar es la soledad hiperindividualista, el síndrome de desamparo, la anomía y la agorafobia de sentirse fuera del vínculo social. Por eso muchos están dispuestos a hacer lo que sea y sufrir lo que haga falta para sentir la mínima (aunque fría) protección de la «jaula de acero». Esa necesidad se impone aunque los historiadores les puedan demostrar que, esa «jaula de acero» del espíritu del capitalismo, está en el origen mismo del hiperindividualismo, la turboglobalización y las actuales tecnologías que los damnifican.

¿Sin asideros de experiencia, hechos ni conocimiento?
Los turbohumanos experimentan contundentemente la dificultad de construir experiencia que analizó Walter Benjamin. Pues todo, desde la filosofía y la tecnociencia al turismo, se ha acelerado hasta la banalización. Se produce así una experiencia degradada que se limita a una serie de instantes pre-

sentados aisladamente y como si fueran grandes hitos, pero que inmediatamente se deben olvidar para poder consumir otros.

Así la acelerada circulación de noticias y de presuntos «hechos» muchas veces no deja tiempo ni ganas de calibrar si se trata de Fake News. Ello impide la consolidación de una experiencia con sentido y lleva al «Information Fatigue Syndrom». El psicólogo David Lewis (1996) lo ha definido como el bloqueo patológico de la capacidad analítica que debe distinguir lo que es de lo que —incluso ideológicamente— nos gustaría que fuera, el conocimiento de la mera información, el hecho real de la intoxicación mediática...

Por otra parte el «síndrome de fatiga informativa» provocado por la creciente dificultad de distinguir verdad y falsedad, genera la necesidad de restablecer una mínima confianza en lo que se cree saber. Se trata de una necesidad que vive profundamente el hombre de nuestro tiempo. De ahí —por ejemplo— el gran interés que ha despertado el libro *Factfulness* (2018) de Hans Rosling que en ámbitos académicos alguien podría considerar menor y cercano a la autoayuda. Distinguir hechos comprobados que son positivos y esperanzadores se ha convertido en una gran necesidad psicológica para los turbohumanos sumidos en la postverdad.

Por todo ello, la obsolescencia programada como la cognitiva, el burnout, el síndrome de fatiga informativa y el bloqueo de la experiencia son patologías emblemáticas de los turbohumanos. Muestran como trágicamente la sociedad de la información, la comunicación y el conocimiento son también sociedades de la ignorancia, la incultura y el desconocimiento (Mayos, Brey, *Innerarity*, 2009 y 2011). El hombre de nuestro tiempo ya no puede prescindir de neologismos como «postverdad» o «Fake News».

Pues hoy, realidades muy antiguas han explotado tan brutalmente que provocan desconciertos cualitativamente superiores a otras épocas. Aparentemente se trata de lo mismo pero con una intensidad y amplitud que destruye inclementemente necesarios «asideros» (como el que Javier Muguerza (1977) encontraba en la «razón») que necesita la humanidad para construir sus sociedades y solidaridades.

La hiperacelerada destrucción creativa dificulta la continuidad vital y la mínima persistencia para pensar. Pues más allá de los grandes cambios experimentados (en la tecnología, los modos de vivir...), se superponen las falsas transformaciones de las modas y los revivals. Muchas «noticias» vuelven incesantemente en un ritornelo viral inacabable y con aparente vida propia. Pero no vuelven las mejores ni las más seguras. Tampoco son las que permiten construir sentido, orientarse y mantener la lucidez crítica.

Más bien son como esas melodías triviales que no podemos apartar de la mente, que taladran el oído como un gusano y que nos exigen una energía extra para abrirnos a algo más interesante. El poeta y filósofo José María Valverde las ejemplificaba con el eslogan publicitario «¡con el pan, tulipán!» Significativamente cumplen tan con creces su objetivo propagandístico que, no solo banalizan la poesía, además «di-vierten» dolorosamente los turbohumanos de reflexiones, silencios y otros «ennui» críticos.

De alguna forma mantienen «entre-tenidos» los turbohumanos cuando quieren pensar de otra manera ¡o al menos podrían llegar a quererlo! Son atajos tan cómodos que no puedes no seguirlos; pero que, en realidad, pierden al hombre de nuestro tiempo. Vuelven tremendamente resbaladizos los asideros que la humanidad necesita para ser quien es, para vivir con sentido y para construir proyectos a largo plazo.

Pero el hombre de nuestro tiempo se focaliza obsesivamente en un «now» que rompe el enlace pasado-presente-futuro. Así sitúa el dispositivo-tiempo esencial para el presentismo turboglobalizado en lugar del flujo temporal que da sentido a la experiencia y la convierte en conocimiento. Solo así los hechos muestran su naturaleza frente a las Fake News y la postverdad, y solo así éstas permiten aflorar un vivir humano.

Presentismo postnarrativo ¿inmediatez reactiva contra el sentido?
La consigna «The Future is Now» tiene significativas consecuencias disolutivas, pues coarta toda la estructura temporal tradicionalmente dividida en la triada pasado, presente y futuro. No solo el pasado es menospreciado totalmente como el reino de lo caduco, sino todo aquello presente que ya no está preñado de futuro (que es lo único considerado como valioso). Por tanto se vacía la compleja experiencia vital que básicamente, nace del pasado, se actualiza en y por el presente, pero también por la expectativa de futuro. Lo que comportaba anticiparlo y crearlo en el presente para convertirlo en verdadero «now».
En la turboaceleración, el presente se vacía de valor en favor de un «futuro» que —además— no tiene tiempo de madurar y demostrar lo que es verdaderamente valioso. Pues para los turbohumanos (Douglas Rushkoff, 2013, *Present Shock: When Everything Happens Now*) «La profecía ya no es descripción del futuro, sino una guía para el presente». Profetizar ahora el futuro se ha convertido en una esclavitud. Todo el mundo debe hacerlo y sufrir —sin clemencia— las consecuencias cuando se equivoca. Probablemente alguien

acertará y podrá beneficiarse de ello, pero serán muchos más los errados y damnificados.

La compulsión profetizadora del futuro impone la reducción de lo valioso al mero «now», entendido como futuro-ahora. Tiene razón Rushkoff en que permanecemos prisioneros de un presentismo que nos hace pensar que solo existe lo que tenemos delante ahora mismo y —por tanto— confundimos el «futuro-a-muy-corto-plazo» con todo lo que puede llegar a devenir a medio y largo plazo. Ello está vinculado a la aceleración de los cambios de la turboglobalización que convierte las ontologías del presente en totalmente prioritarias como herramienta de orientación existencial. También resulta de un maltusianismo informativo centrado en novedades más o menos aparentes, que caducan rápidamente y se convierten en obsoletas.

Rushkoff constata un «colapso narrativo» provocado por una atención focalizada exclusivamente en la gratificación y feedback inmediatos. Por eso hoy nadie tiene tiempo ni atención para las historias lineales con un desarrollo por varias fases de planteamiento, nudo y desenlace. El slogan «The Future is Now» reduce la complejidad de la «duración» del tiempo (Bergson) a un «ahora» presentista que juega desaforadamente a anticipar al máximo el futuro.

Por tanto, pierde sentido toda esperanza que no se pueda rentabilizar ahora y aquí. También se ridiculizan y se consideran risibles las tradicionales reclamaciones de paciencia y resignación. Se está en una dinámica donde pequeños y circunstanciales deseos son fomentados en un ciclo acelerado de nuevos estímulos, rápidamente «satisfechos» para dejar espacio a otros similares, siempre evitando cualquier sensación de saciedad o paz verdaderas.

Ese presentismo rompe la larga centralidad como fuente de sentido en todas las culturas de la narración. La humanidad ha construido desde siempre el sentido existencial como una linealidad recorrible narrativamente desde un planteamiento presente-pasado a un desenlace futuro-presente. Eso no ha cambiado de manera apreciable ni en las culturas orales, ni en las escritas, ni incluso en las audiovisuales. Ha sido una constante tanto en las culturas basadas en mitos, en religiones, en metafísicas e incluso en la moderna ciencia. Pero sí que está cambiando profundamente en el acelerado mundo digital, permanentemente conectado en red y a través de hiperlinks que destruyen las linealidades, los sentidos narrativos e incluso las comunidades (Campàs, 2011; Stiegler, 2016).

Por ello el actual presentismo postnarrativo representa un salto más radical que la famosa muerte de los metarrelatos modernos planteada por Lyotard. Pues no solo quedan cuestionados los grandes metarrelatos modernos sino que la aceleración presentista amenaza con cuestionar la propia narratividad como fuente de sentido existencial. Por ello, si se consolidan sociedades postnarrativas, cabe preguntarse si sobrevivirá el sentido existencial sin su enlace histórico con el relato y con el discurrir narrativo. Sin duda ello entrañaría peligros y expectativas inéditas para los turbohumanos.

Los turbohumanos se ven obligados a buscar el sentido —antes siempre narrativo— más bien en la constante interacción empática y aparentemente cooperativa. Ello es muy reconfortante, pero puede tender a la superficialidad de lo políticamente correcto mientras desaparece la exigencia de una historia lógica, coherente y consecuencialista. Como dice Virilio (2003: 91) «es el fin de la cronología: es decir, de la transición pasado, presente, futuro».

El modelo de inteligibilidad y de sentido que resulta del presentismo podemos encontrarlo en los hiperactivos pero muy poco reflexivos videojuegos actuales. La constante actividad de disparar a todo lo que aparece en la pantalla prácticamente ya no necesita —al menos para muchos jugadores— más que la superposición de una escuálida trama. El goce de la reacción espectacularizada sustituye a toda demanda de sentido. Al final, prácticamente nadie se pregunta ¿por qué se dispara y a quién? Habitualmente se prescinde de tramas complejas y se las sustituye por el sumario maniqueísmo de designar unos «buenos» que luchan contra unos «malvados».

En principio no hay que exagerar la importancia de tales licencias simplificadoras, pero cabe preguntarse si su preponderancia —acompañada además de grandes efectos y espectacularización— no convierte en insufriblemente aburridas a las tramas más complejas. En todo caso —quizás porque todavía estamos en un momento de transición— se nota la preponderancia de nuevas narrativas presentistas o de «cultura popular ahora» (Rushkoff) que minimizan la exigencia de atención, cultura y memoria.

Aunque conservan cierta linealidad y la tríada aristotélica de planteamiento-nudo-desenlace, focalizan todo esfuerzo y todo «sentido» en evidenciar la serie de choques ingeniosos pero básicamente inmediatistas, de respuesta rápida, autorreferenciales y muy cíclicos. Así se tiende al fácil y poco exigente entretenimiento (que etimológicamente remite a «mantenerse dentro») de la típica «comedia de situación» hecha de capítulos independientes de media hora sin trama continua.

Entonces pierde sentido el público fiel dispuesto a seguir las tramas a medio y largo plazo. Solo importa el episodio presente que es básicamente autónomo de todos los demás, pudiéndose intercalar con cualquiera de ellos. Tan solo se le pide al público que esté dispuesto a mantenerse ante la pantalla y se le inhibe cualquier exigencia de memoria o de sentido global. Ni tan siquiera se le «molesta» con las clásicas coletillas «En el capítulo anterior...»

El cine y la televisión a la carta en plataformas como Netflix acentúan esa tendencia, haciendo aún más absurda y risible la actitud —siempre saludada jocosamente— de Sheldon en *The Big Bang Theory* cuando exige volver a ver enteras las temporadas anteriores de una serie para enlazar correctamente con los nuevos capítulos. Desde el aprendiz de guionista al público en general, hoy todo el mundo interpreta como absolutamente loca esa exigencia, que tradicionalmente se consideraba tan obvia que, por eso, siempre había resúmenes y recordatorios estratégicamente situados.

También constata Rushkoff que —actualmente y llevados por la seducción de la tecnología— experimentamos contradicciones como querer hacer dos o más cosas a la vez,, por ejemplo, visitar el Machu Pichu pero a la vez estar chateando continuamente con los colegas que están más allá del océano. También intentamos comprimir en unos pocos instantes muchas experiencias, prescindiendo del tiempo que precisan para ser plenamente vividas, maduradas e integradas.

Similarmente los turbohumanos tienden a extraer sentido aceleradamente de las experiencias. Imaginan rupturas rápidas y apocalípticas, fáciles y paranoicas conspiraciones, idealizaciones sospechosamente ingenuas... Cuando consiguen reconocer fácilmente patrones subyacentes, ¡no se toman el tiempo necesario para comprobar su plausibilidad y no los integran jerárquicamente en los necesarios metarrelatos, macrofilosofías y macronarrativas!

Ciertamente, todas esas estrategias apresuradas nos pueden dar un superficial éxito y tener importantes efectos hedonísticos, pero a la vez nos hacen añorar profundamente sentidos existenciales más duraderos, profundos y narrativamente complejos. Pues, al menos hasta el hombre de nuestro tiempo, ser capaz de entender algo solía coincidir con ser capaz de explicar sus causas y consecuencias racionales.

Turboglobalización monádica y disolución de la experiencia

La actual turboglobalización puede definirse como monádica porque, como en las «mónadas» postuladas por Leibniz, el espacio y la distancia tienden a ser irrelevantes. En cambio, el tiempo se convierte cada vez más en lo decisivo y precisamente a medida que se acelera. Por eso hoy minúsculas diferencias de centésimas de segundo marcan la diferencia entre la medalla de oro o el negocio más formidable y la mediocridad, el fracaso o la ruina.

La intuición de Franklin «el tiempo es dinero» es hoy una realidad cotidiana y constatable por todos. Los turbohumanos se ven obligados a dejar de pensar en los términos tradicionales de vectores definidos por tres dimensiones espaciales más la temporal (Virilio), para concentrarlo todo en un punto monádico sin prácticamente dimensión espacial (Muntadas, 2017), pero con una dimensión temporal de precisión nanométrica.

El mundo turboglobalizado tecnológicamente tiende a concentrar toda la información en una especie de mónada de mónadas de Leibniz, que ofrece una omnisciencia prácticamente divina. En tal caso todo el pasado y todo el futuro se dan bajo la forma prácticamente supratemporal del «now». Es algo igualmente paradojal —pero en sentido inverso— que la «disolución» del tiempo pensada por Agustín: ya que el tiempo nunca está presente del todo, pues el presente es un dejar de ser continuo y —por tanto— un convertirse en un pasado que ya no es y es desplazado por el futuro. Mientras que éste todavía no ha llegado a existir y se limita a ser una promesa que persigue a un presente y pasado también inexistentes.

Seguramente por esa naturaleza profundamente paradojal del tiempo, la humanidad ha construido sentido mediante relatos. Éstos presuponen el tiempo y de alguna manera consiguen disponer y controlar narrativamente lo temporal, pero solo —como experimenta Agustín— cuando evitan pensarlo en sí mismo. El problema es que las aceladísimas tecnologías digitales están cortocircuitando el pensar narrativo. Éste exige el lento discurrir de la reflexión que se colapsa con el presentismo obsesivo del «now» (Rushkoff, 2013; Stiegler, 2016). Para los turbohumanos, por tanto, «Todo lo que no se puede hacer presente no existe. Todo tiene que estar presente» (Han, 2015: 61).

Ahora bien como ejemplifica la narración de Poe *La carta robada* y la película dirigida por Charles Laugton *La noche del cazador*, el mostrar con la mayor inmediatez puede ser la mejor estrategia para esconder algo y bloquear el reconocimiento de su sentido. Eso mismo denunció Jean Baudrillard en su tan mal comprendido ensayo «La Guerra del Golfo, no ha tenido lugar». Critica que, quizás la primera guerra que transmitió televisivamente en directo a las trayectorias fantasmagóricas de los misiles, en cambio había escondido totalmente a los muertos, las violencias y la barbarie que constituyen su más triste «realidad». Así una falsa inmediatez —sugerida por los mass media— impone una reacción instintiva y emocional que impide descubrir crítica y narrativamente su «sentido» oculto.

La yuxtaposición de emociones e imágenes en acelerada sustitución generaba en los espectadores un presente continuo sin desarrollo, relato ni sentido crítico. Y es que para los turbohumanos «el tiempo se hace aditivo y carece de toda narratividad» (Han 2013: 65). La memoria a corto plazo queda colapsada y se bloquean los complejos mecanismos (que incluyen el olvido creativo como destacaba Jorge Luis Borges) que permiten generar una memoria con sentido y a largo plazo. Desaparece el sentido humano-narrativo que vincula pasado, presente y futuro; y que se estructura aristotélicamente en un relato con planteamiento, nudo y desenlace.

Eso ya les está pasando cotidianamente a los turbohumanos, por ejemplo durante el turismo. Éste se ha convertido en una experiencia cada vez más irreal y donde se venden unas «experiencias» prefabricadas, adulteradas y edulcoradas adecuadamente. Siempre bajo la fascinación de la inmediatez y el presentismo, se le insiste al turista que está delante de la realidad misma. Eso sí, convenientemente diseñada y guionizada para que la experiencia sea máximamente seductora y sin prescindir de ninguna comodidad y seguridad. Es una aventura sin riesgo y, en el fondo, sin que el turbohumano sufra ninguna transformación relevante. Se «entre-tiene» sin que nada pueda «tocarle» ni tan siquiera «filosóficamente», por lo que el viaje turístico se ha reducido a un mero «moverse» y «di-vertirse» (Mayos, 2012) sin nada existencialmente auténtico o transformador.

Pues se trata de que el turbohumano vuelva sin ningún problema ni cuestionamiento a su trabajo y vida «normal». El turismo es lo contrario de lo que la Internacional Situacionista pretendía generando una verdadera «situación»: que una vez realizada, el mundo y la vida cotidianos hubieran sido tan profundamente metamorfoseados que los sujetos ya no los podrían recuperar como tales, ¡aunque lo quisieran! Sencillamente la situación habría revolucionado la vida cotidiana y nada volvería a la normalidad de la «sociedad del espectáculo» (Mayos, Guy Debord y otros, *Filosofía para indignados. Textos situacionistas*, Barcelona: RBA, 2013).

¿Sucumbir o no a las mefistofélicas y neoliberales tentaciones?

Los hombres de nuestro tiempo son extrovertidos tanto porqué en todo momento deben expresar algo —incluso fingiendo alegría cuando no la hay—, como porqué están vertidos fuera, en lo otro de sí. Son dirigidos por el mercado, evidentemente muy seductor y poderoso, si bien solo sigue la frustrante lógica de la perpetua incitación pero —a la vez— la eterna insatisfacción. El incansable capitalismo ha comprendido que para convertirnos a todos en turbohumanos precisa diferir indefinidamente toda verdadera recompensa hasta colonizar todo el tiempo de vida.

Los managers hace ya mucho que comprendieron que la más mínima satisfacción retira a los consumidores del mercado —¡al menos por un precioso instante!—. Como lo que interesa es tenerlos permanentemente conectados, comprando y vendiendo, hay que evitar que la más mínima saciedad bloquee el gran incentivo del deseo. Hay que convertir a los turbohumanos en un *perpetuum mobile* proactivo y autoexplotado.

Por eso tan importante como fascinar y seducir, lo es saber incumplir finalmente las promesas, diferir y perpetuar los anhelos, retardar cualquier descarga o orgasmo, dejar para más tarde el regocijo o el goce liberador. Recordemos que la gran tarea de Mefistófeles era conseguir que Fausto proclamara su deseo de detener y gozar plenamente del instante más bello, para inmediatamente apoderarse de su alma e iniciar el perpetuo castigo infernal. El diabólico pacto transformaba un instante de plenitud y delirio en eterna condenación, donde incluso se impedía el goce de lo prometido. Pues tan solo el desear eternizar el instante más bello, ya comportaba eliminarlo, perder el alma y pasar a sufrir un infierno eterno.

Como el hombre de nuestro tiempo, Fausto ve que la simple confesión de que hay algo que merece ser gozado plenamente, le condena cualquier goce por siempre más. Simplemente confesar que hay algo por lo que merece la pena realmente vivir, comporta recibir el castigo de una muerte en vida, infernalmente eterna. Es la terrible condición moderna que convierte el «mejor no haber nacido» o, sino, «morir joven» —expresado por el sátiro Sileno— en: podrás vivir y gozar de las infinitas tentaciones de Mefistófeles, siempre y en cuanto ninguna de ellas te llene, te sacie, te valga la pena eternizarla...

El hombre de nuestro tiempo acelerado parece disfrutar de las innumerables ofertas del diablo tentador que hoy adquiere la forma de alguna manera «demoníaca» de un mercado volcado absolutamente sobre su deseo. ¡Pero solo mientras nada le aparte de la perpetua tentación insatisfecha! La tragedia moderna oscila entre una derrota victoriosa y una pírrica victoria en la derrota. Es el destino trágico de la perpetuación del deseo como gran fuerza que permite producir hasta el agotamiento, pero al coste de diferir o bloquear todo goce verdadero. Pues ello equivale a querer detener el bello instante y, por tanto, perder el alma como empresario de sí.

Pues si hubiera un instante de plenitud, sería un momento peligrosamente revolucionario, pues inmediatamente el sujeto deja de acumular capital en la propia marca personal. Se limita a gozar de lo ganado y deja de anhelar ¡aunque sea un instante! Deja de trabajar, producir, acumular y se sitúa fuera del mercado. Deja a la vez de ser consumidor y productor, deja de competir y alegremente se retira del mercado. Y vive como felicidad y acontentamiento, ese ostracismo que el neoliberalismo presenta como un «infierno». ¿Lo es realmente para todos los individuos o puede ser para algunos la única posibilidad de liberación?

Como sugiere el optimista final del *Fausto* de Goethe, ello depende de por qué o para qué se quiera perpetuar el instante más bello. La cuestión es sobre todo si se tiene o no el valor de poner en riesgo la propia «alma» dejando a un lado los productos, beneficios, servicios y pacto con Mefistófeles. Hay que preguntarse ¿qué turbohumanos pueden vivir sin las infinitas y mefistofélicas tentaciones del hiperconsumo? Y ¿cómo asumir las indudables consecuencias de todo tipo que ello tendrá para la vida del hombre de nuestro tiempo? ¿Cómo vivir después de Mefistófeles? ¿Qué impulso y subjetivación pervive después de romper el presunto pacto del deseo insaciable con el mercado neoliberal?

Un desierto digital para narcisos

Dicen que en los casinos de Las Vegas añaden oxígeno a los aires acondicionados para inducir un extra de vigor, energía y «rendimiento» en sus clientes. Además han eliminado ventanas o puertas que den a las calles iluminadas por los neones de los incitantes casinos de la competencia o sencillamente de la gente paseando. La única salida es en coche y pasando a través de la tentación orquestada de infinitas retaílas de máquinas tragaperras, ruletas, mesas de apuestas, salas de espectáculos y barras de bar.

Con mil sutilezas esa estrategia básica preside hoy la turbo-vida del hombre de nuestro tiempo. Así, el laberinto fordista ha sido substituido por el laberinto del desierto. Se sustituyen los muros y callejones por espacios abiertos... a la sed, a la tentación y a un «infierno de lo igual» (Han), donde irremediablemente los turbohumanos se desorientan pues no hay coordenadas claras. Todo parece igual, similarmente falso. Todo se ha convertido en un simulacro indistinguible en un mundo espectacularizado (Mayos 2010, «Baudrillard y la Sociedad del Simulacro» en Barcelona, *Metropolis. Revista de información y pensamientos urbanos*).

Es un nuevo tipo de laberinto poblado de «narcisos perdidos en su interior» (Han) que insistentemente van escrutándose a sí mismos en los más distintos espejos o reflectores que ofrece el mundo digital. Quizás para no tener que verse tal como son, ofrecen y construyen sus avatares en las redes sociales, mendigando likes que los confirmen en el ser.

Por eso es fácil que olviden su propia realidad e identidad, para espectacularizar cada vez más su avatar que termina pareciéndoles más valioso e incluso real, tanto más cuantos sean les que le prestan atención y les «dan likes». Así otros iguales que ellos se ofrecen «extímicamente!, es decir a la vez en su «in-timidad» (que hacen visible como en ninguna otra época) y en la «ex-terioridad» de la infinita «World Wide Web».

Apartándose de lo analógico presente en los sentidos humanos (ya sea vista, oído o incluso tacto), se constituye un hipersensual laberinto digital, a partir de una operación no sensual de la mano. El «dígito» es la información contenida en un bit: el dedo se limita a marcar un 1 o un 0. Ahora bien, sobre esa «digitación» y los «dígitos» generados, hoy se puede crear tecnológicamente un mundo mucho más seductor que el real. Por eso la vida de los «avatares» resulta mucho más interesante y recompensadora que la realidad humano-corporal que —por tanto— va diferiéndose y degradándose comparativamente.

Más allá del espectáculo hollywoodiense, el novelista Ernest Cline y el cineasta Steven Spielberg exploran en *Ready Player One* una realidad miserable y desertizada porque la vida y la gente se han refugiado en el oasis virtual que ha creado el programa llamado significativamente OASIS. Hay que notar que el mundo real no ha quedado degradado a una caverna miserable e inhumana por la guerra con las máquinas como en *Matrix*. La degradación se ha producido simplemente por el abandono espontáneo de la realidad por parte de los humanos mismos. Llevados por su narcisista dialéctica, prefieren vivir en una caverna de simulacros —eso sí: mucho más eficiente y seductora que la de Platón— que en el mundo «real».

El narciso contemporáneo está obsesionado por una visibilidad que va mucho más allá de los quince minutos de fama que Andy Warhol profetizaba irónicamente para todo el mundo una vez a lo largo de su vida. Más allá de los exitosos influencers que son muy reducidos en número, hoy ¡ni unos segundos de gloria son previsibles! En el extímico desierto digital la gran visibilidad (como también los muchos «amigos») son tan solo un espejismo para el cual —¡eso sí!— se tiende a sacrificar cada vez más facetas y aspectos «reales» de la propia vida.

Como todo narciso, se termina sustituyendo el afuera, lo otro e incluso una experiencia abierta por la reclusión en el propio reflejo. Tan solo importa el mecánico retorno digital en forma de «likes» de las imágenes de presunto éxito o felicidad «subidas» a las redes sociales. Notemos que hoy no es preciso especificar que nos referimos a «redes sociales virtuales y telemáticas» porque todo el mundo lo da por supuesto. ¡Hasta este punto han sustituido cualquier red real y cara a cara!

A diferencia de las relaciones presenciales de otros tiempos, la intimidad narcisistamente compartida remite a una extimidad esencialmente borrosa, pues no se sabe hasta donde alcanza. Aún menos resulta previsible ¿a quién importará?, ¿qué utilidad le podrá dar? o ¿qué respuesta obtendrá? Incluso muchas veces el narciso paga dolorosamente la visibilidad que tanto deseaba. Como los dioses griegos, Internet castiga muchas veces concediendo lo deseado e impulsando nuestro deseo hasta límites inhumanos.

Como ha sugerido Richard Sennett, el capitalismo digital funciona colonizando la imaginación de tal manera que, las tecnologías que habían de liberarla, colaboran en su control absoluto. Promete realizar los deseos pero en realidad los amplifica y prolonga indefinidamente. Tampoco libera la humanidad sino que la impulsa a autocolonizar la totalidad de su tiempo y fuerza vitales. Desaparece la tradicional distinción entre el trabajo y ocio (y por tanto con las tres «D» de Joffre Dumazedier: descanso, diversión y desarrollo personal).

Va desapareciendo también el tiempo «libre», de propia disposición, no predeterminado y abierto a lo que a uno le apetezca, le suceda o pueda experimentar en sí mismo. Todo el tiempo de la vida tiende a predeterminarse productivamente. Así cierto consumo o la visualización de una película se convierten como por magia en otra manera de «producir» sobre la marcha, por ejemplo generando alguna «idea» interesante. Incluso el descanso, el famoso «desconectar», la meditación *mindfulness*, el tiempo de terapia o el coaching se convierten también en la condición de una mejor producción y mayor rendimiento mañana.

Incluso la formación —muchas veces de larga duración y con rendimientos efectivos lejanos y en un futuro hipotético— se aparta del «buen vivir» tradicional. Pasa a ser conceptualizada tan solo como la inevitable inversión en el propio capital cultural, en la propia «marca personal». Pasa a ser la condición para el cognitariado pueda obtener rendimientos futuros en la sociedad del conocimiento.

En todo caso el deseo y la imaginación son impulsados para hacernos producir y mantenernos conectados las 24 horas y los 7 días de la semana. Por eso lo que parecía gratuito y libre acaba siendo la base de la más poderosa dominación, autosujeción y autoexplotación. La tentación narcisista es sacrificar cada vez más aspectos de la vida en favor del nanoreflejo de uno mismo en Internet o por esa selfie que se quiere viralizar, aunque no se sabe muy bien ¿por qué?

Por tanto se impone el narcisista «aquí voy» extímico, una ambivalente manifestación de «estoy vivo» pero a la vez disimulo mi profunda soledad. Sobre todo hay que esconder la angustiante necesidad —surgida sin duda de un vacío— de construir aquella imagen de uno mismo que maximice el feedback, la visibilidad o, al menos, unos distraídos likes.

Ciertamente nadie parece obligarnos a entrar en ese insaciable juego extímico, pero el desierto digital usa el inmenso poder atractivo del narciso que todos llevamos. Como un agujero negro en el centro de la galaxia, lo hace girar todo a su alrededor. Incluso es rastreable la poca energía que consigue escaparse precisamente cuando (tanto estrellas-influencers y objetos sin luz propia como los planetas o la gente normal) son absorbidos con sorprendente igualdad en el «agujero negro».

Deseo, reconocimiento, multiculturalismo, autoexplotación y burnout como trampas
La forma como el capitalismo usa nuestros deseos más profundos para aprisionarnos nos recuerda una presunta y muy astuta trampa para chimpancés: una caja con un agujero suficientemente grande como para que pueda introducir la mano, pero no sacar-la cogiendo el plátano que hay dentro. Dicen que algunos monos no pueden renunciar al plátano y por tanto quedan aprisionados sin poder sacar su mano de la caja.

Tenemos nuestras dudas de que funcione de verdad con los chimpancés. Parece plausible que, el propio desespero por no poder escapar, haga que el chimpancé pierda todo interés por el plátano, lo deje ir y por tanto pueda sacar la mano de la caja, incluso sin saber como lo ha conseguido. No obstante trampas similares parecen funcionar en seres más culturales y simbólicos como son los humanos. ¿Cuántas veces determinadas creencias o la voluntad de poder dominan totalmente a los humanos hasta encarcelarlos sin que ni tan siquiera el miedo los libere, como seguramente sucede con el chimpancé de la trampa.

Los humanos son seres fácilmente atrapables por sus deseos o convicciones, incluso cuando el cuerpo somatiza el absurdo al que le somete el astuto «deseo mimético» humano (René Girard). Tenemos muchos casos de «trampas» parecidas a la mencionada. El reconocimiento —como avisa Axel Honneth— y el multiculturalismo lo pueden ser, ya que seducen pero —a la vez— pueden evitar que los subalternizados rompan con el sistema y se conviertan en disidentes.

También la autoexplotación neoliberal y el síndrome del burnout pueden convertirse en trampas para turbohumanos. Los deseos ¡incluso de libertad! pueden fomentar una autoexplotación tan radical que uno se «quema» o «cuece» literalmente en su propio deseo. Así la propia fascinación nos sitúa en una dialéctica insostenible que termina agotándonos sin podernos liberar.

Paradójicamente, en muchos humanos la trampa tampoco pierde fuerza incluso cuando el deseo colapsa por agotamiento o burnout. La fogosidad del deseo, la fuerza de la fe o la seducción de la voluntad de dominio pueden desaparecer ante el burnout, la depresión o la melancolía. Pero incluso entonces y con gran absurdidad, muchos humanos permanecen prisioneros de un deseo o de una fe que no pueden transcender ni desmitificar.

Burnout y nihilismo contemporáneos

El burnout es un concepto psicológico aplicado inicialmente al mundo profesional pero que —significativamente— hoy se aplica de forma más amplia. En cierto sentido se ha convertido en un concepto que describe muy bien la condición humana en la autoexplotación actual. En la actualidad es un concepto antropológico, pues define a los turbohumanos, al hombre de nuestro tiempo.

El aumento del síndrome burnout está hoy íntimamente vinculado al creciente impacto de características del postfordismo neoliberal como son el individualismo posesivo, ya diagnosticado por McPherson para el primer y radical capitalismo. Ahora bien, el burnout resulta de la tendencia de los turbohumanos a la infinita competitividad, al narcisismo vanidoso y a la autoexigencia impaciente. Está asociado a la movilización desmesurada y permanente de todo el ser «personal» en forma de «capital humano».

Todas las potencialidades del cuerpo y la mente se dirigen y «venden» para potenciar la propia «marca personal». Cada vez más determinista y reductivamente, terminamos identificando nuestra subjetividad y nuestro valor humano con el precio de esa «marca» en el mercado.

El hombre de nuestro tiempo es para sí y para el prójimo (que es identificado irremediablemente como un competidor mercantil) sobre todo una marca. Es una empresa unipersonal que compite y se ofrece en todos los infinitos mercados que magnifica la sociedad neoliberal: los profesionales y económico-laborales, pero también de relaciones, contactos, amigos telemáticos, de ideologías... Los turbohumanos son específicamente «hombres marca» y «empresarios de sí» a la búsqueda de oportunidades de negocio y huyendo de una obsolescencia que pueda dejarlos fuera del mercado.

Incluso se manifiesta más apocalípticamente el burnout cuando afecta a la marca y empresa personal que los turbohumanos son en primer lugar. Pues entonces —se cree— quedan «quemados» en todos los aspectos substanciales. Aunque hoy ya parece un anacronismo distinguir entre esas «realidades», podemos decir que el colapso de la «marca» o la obsolescencia de la «empresa personal» comportan la más amenazadora muerte del «hombre».

No hay humanidad en nuestro tiempo sin marca ni empresa personales. Pues la personalidad, el ser y lo que la metafísica llamaba la «esencia» de cada uno se limita a ser cada vez más su impacto en el mercado y la visibilidad alcanzada en Internet. En un mundo sin intimidad ni lo que Hegel llamaba «ser en sí», los turbohumanos son simplemente su propia traza en la extimidad digital, su ser-para-los-otros. O lo que es lo mismo: su ser-en-y-para-el-mercado.

Entonces el burnout no resulta tan solo de proyectos vitales desequilibrados, sino del inevitable y constitutivo desequilibrio que comporta maximizar la marca personal en todo momento. Resulta de una perpetua carrera sin fin a la caza de oportunidades de negocio, que los turbohumanos neoliberales interpretan como la única vida posible, existente, vivible.

Burnout y desertización de la vida

Sin duda cabe asociar también el burnout a la radical falta de inteligencia emocional para con uno mismo y con los demás. Queda facilitado cuando se vive una existencia contradictoria, ineducada e imprudente. Pues la sociedad de nuestro tiempo se caracteriza por su total falta de la virtud de la prudencia. Por eso ultrafocaliza a las personas hacia una perspectiva desertizadora que incluso minimiza el valor de los pequeños oasis encontrados por el camino.

Los turbohumanos se caracterizan por sufrir el dilema entre dos alternativas: o bien una campaña casi militar que va de éxito en éxito (hasta el fracaso final, como se dice), o bien una perpetua «travesía del desierto» donde no se admite ni el descanso ni el pleno goce de esos oasis.

Tan solo queda «caminar o reventar» como experimentó paradigmáticamente Eleuterio Sánchez. Solo hay la alternativa entre la reiteración de los éxitos en la perpetua caza de negocios, o bien el burnout y la obsolescencia que colapsa totalmente la persona y la existencia.

Naturalmente para mantenerse en la lucha por las oportunidades y evitar el burnout, las promesas son muchas: literatura de managers y de negocios, coaching, terapias, libros de autoayuda y... medicación. Bajo todos ellos resuena la cosmovisión de positividad (Han, 2017: 66) que proclama el mantra inhumano «tu puedes si te esfuerzas suficientemente». Más allá de expresiones clásicas como «la fortuna solo se entrega a los audaces» o «tened fe y Dios proveerá», hoy conlleva un agotador proyecto de vida donde solo actitudes positivas hasta la exageración deben presidir todos los actos.

Hasta la rutina más cotidiana se ha convertido para los turbohumanos en una audaz y constante reinvención de uno mismo. La derrota por antonomasia del hombre de nuestro tiempo es querer detener el tiempo o incluso darse respiro. A diferencia de las prudenciales sociedades premodernas o incluso las fordistas, actualmente se menosprecia rotundamente toda modulación «realista» de los fines buscados en relación a los medios o *capabilities* efectivamente disponibles.

El neoliberalismo turboglobalizado reduce la vida (tanto la productiva o consumística, como en general) a una especie de «guerra total» entre un yo individual y el resto del mundo, entre el propio «capital humano» y el del resto de la gente. Eso desertiza la vida y la sociedad, pues todo se reduce a competitividad y mercado.

Además los turbohumanos viven bajo la angustia de que, por grandes que fueran los éxitos obtenidos en el pasado, no garantizan rendimientos futuros ni ninguna vida tranquila. Creo un muy significativo signo de nuestro tiempo la desbocada acumulación que están llevando a cabo la élite global y los triunfadores en la turboglobalización. Se están apropiando obsesivamente de cada vez más valor añadido que resulta de las nuevas revoluciones tecnológicas. Por eso estamos llegando a los niveles máximos de desigualdad (calculados rigurosamente por Piketty 200).

El nivel extremo de desigualdad y de acumulación a que llega nuestra sociedad no tiene nada que ver con mejoras reales de seguridad o de supervivencia incluso para sus beneficiarios. Más bien al contrario, crea una sociedad muy escindida, tensionada e incluso violenta que perjudica a los mismos superricos. Pues se saben envidiados y odiados por todo el mundo y, por lo tanto, deben gastar cantidades enormes para garantizarse la seguridad y pierden calidad de vida por la angustia y servidumbre que ello representa.

Como se ve, no parece una buena estrategia vital para aquellos cuya riqueza es tan grande que el valor marginal de su incremento monetario tiende prácticamente a cero. Los últimos millones de dólares que han ganado prácticamente no les ofrece ninguna posibilidad más que la que tenían antes de ganarlos. Su valor marginal de uso y para la vida tiende a cero y es una locura sustituirlo por un intangible «valor de cambio» que es una mera anotación contable y no dice nada de su calidad de vida.

Pero a cambio, esa desigualdad que aparentemente los beneficia les obliga a vivir permanentemente en tensión y sintiéndose amenazados por todo el mundo. De manera parecida, les retrotrae a una especie de «estado de naturaleza» hobbesiano donde incluso el Leviatán (que sin duda se pone a su servicio) no les puede garantizar plenamente su seguridad. Pues su misma posición extraordinaria de superricos los coloca en una amenazadora exposición a la ambición de todos. Incluso para un superrico, ello representa demasiados enemigos potenciales y a la vez. Entonces los costes de protección se elevan indefinidamente y terminan siendo insostenibles (si no financiera, al menos sí psicológica y vitalmente).

Por ello la actual pulsión en las élites turboglobalizadas hacia tasas de acumulación y desigualdad brutales termina mostrando raíces profundamente patológicas. La turbodestrucción creativa, que mueve el neoliberalismo, destruye no solo los proyectos vitales de la población precaria. También provoca una patológica sensación de inseguridad en los superricos. Incluso ellos, con millones de dólares que físicamente no podrían gastar —si quisieran— a lo largo de su vida, sienten perpetuamente la sensación terrible que no pueden permitirse bajar la guardia mientras gozan de sus ganancias. Ciertamente a veces basta un mal negocio o que les afecte una de las reiteradas crisis del sistema, para que su superriqueza se vaya al traste.

Puede parecer increíble pero ello hace que ¡incluso los superricos experimenten profundamente la precariedad! Por una parte, saben que están aparentemente protegidos por la actual fase de «capitalismo patrimonial», donde la mera posesión de riqueza (y los asesores financieros que permite comprar) ya les garantiza una escandalosa tasa de acumulación. Pero por otra parte, psicológica y existencialmente también ellos experimentan una angustiante precariedad que a la gente corriente nos cuesta entender.

Pues ciertamente nada ni nadie, ninguna sólida institución, puede garantizar hoy su futuro y su seguridad existencial de por vida incluso a los superricos. Puede parecer algo sarcástico y cínico para la gente que vive en una miseria cotidiana, pero en sus momentos de lucidez los superricos experimentan que solo el hilo de seda de sus miles de millones de dólares los separa del fracaso, de la caída y de sus específicos burnout y obsolescencia en tanto que superricos. ¡Ellos también lloran y tienen sus pesadillas reincidentes en ese acelerado y loco turbocapitalismo sobre el que cabalgamos todos, de una manera u otra!

Fin del futuro... garantizado o esperable

Para los turbohumanos el futuro ha muerto como garantía, paz, refugio y jubilación. ¡Incluso para los superricos! ¡La precariedad y sus emblemáticas patologías se han convertido en la condición propia e irrebasable de los turbohumanos!

El futuro que tanto anhelamos anticipar como gran oportunidad de negocio, termina siendo esquivo y peligroso como unas arenas movedizas. El futuro como garantía e incluso como esperanza ha muerto y tan solo persiste como catástrofe, como apocalipsis inevitable a largo plazo que nos atormenta y, a la vez, nos fascina. El futuro tan solo persiste, pues, como un «*Angelus Novus*» que huye despavorido de un pasado y presente en perpetua destrucción creativa.

El futuro se nos ha convertido en una tortura como las que sufrieron míticamente los derrotados titanes. Como Sísifo, es la constante ascensión cargando una pesadísima roca que —justo antes de llegar a la cima de la montaña— rueda de nuevo hasta el punto de partida. Como Tántalo, nuestro futuro es una sed terrible que no podemos apagar porque el agua que nos llega a casi la garganta se retira cada vez que hacemos el menor gesto de querer beberla.

Parecida es la condición titánica del hombre de nuestro tiempo: una sed y deseos enormes, aparentemente satisfacibles con el más mínimo gesto (pues el seductor mercado capitalista está todo él construido para ello), pero que nada puede apagar, nada tiene ya esa virtud. Nada hay ya con valor de uso para ello, pues solo permanece en pie el valor de cambio, el valor monetario, cifras en una cuenta corriente que no puede ser convertible en nada existencialmente satisfactorio, nada que apague la sed infinita y tantálica de consumir.

Por tanto vivir se ha convertido en una tarea interminable e insatisfacible superponible al producir por producir y consumir por consumir. No es que no haya allí transcendencia, es que incluso desaparece todo sentido vital, toda correlación con la existencia humana. Así los turbohumanos se alejan de su propia humanidad, de la misma condición humana que es sustituida por otra que —alienantemente— les conduce por un tiempo sin futuro. Como las almas en el Hades greco-clásico, el hombre de nuestro tiempo ha bebido las aguas del Letheo y con ello ha perdido el recuerdo de su anterior condición humana.

Por eso existencialmente los turbohumanos han desarrollado una condición peligrosamente inhumana. El deseado buen vivir (que hoy recuperan las tradiciones indigenistas) queda diferido tras una tarea autopoyética inacabable y la productividad infinita. Ser turbohumanos es un quehacer en perpetua reinvención, el continuo ponerse en la balanza en una apuesta a todo o nada. O mejor dicho, ser turbohumano se parece mucho a esos juegos informáticos que, abstrayendo de toda vida, son una mera dialéctica entre «join in» (en el sentido de «play it again») y un amenazante «join out», burnout, fuera de juego, fin del juego... fuera del mercado, fuera del futuro.

Del calvinismo a la teología de la prosperidad
Tiene razón Mosè Cometta (2019) en que la obsolescencia tantálica de los turbohumanos representa el final absoluto del ideal aristotélico del «punto medio». La virtud clásica de la prudencia (que era la facultad directiva superior) ha perdido hoy su sentido pues el actual capitalismo, desregularizado

y en acumulación desatada, es básicamente un sistema «imprudente», la ausencia de prudencia está en su ADN.

Las subjetivaciones neoliberales se configuran como individuos en contra del mundo y minimizan toda regulación prudencial. Rompen tanto con la vida burguesa de los tradicionales capitalismos comercial o industrial, como con el famoso american-way-of-life. Según la teoría weberiana, el capitalismo inicial remitía a un *ethos* basado en el duro ascetismo del trabajo pero también a la redención insinuada tras ese *ethos* y —además— por unas sólidas rentas reinvertidas en tierras y propiedades inmobiliarias. No era un «capitalismo de casino» como hoy, aunque tenía su violento momento especulador, colonial y cercano a la piratería.

Pues el sueño burgués por antonomasia era retirarse de ese agresivo trasunto «comercial» para gozar del «beatus ille» y el «dolce far niente». El más violento capitalismo era un momento —ciertamente visto como necesario y estimulante— para conquistar una existencia más segura, cómoda y relajada. Era un momento que se contraponía al goce de sus frutos, en un retiro o paz no-capitalista que —ciertamente— solo habían sido posibles por aquella primera agresividad o aquel ascetismo productivo. Pero eran medios para un fin que los transcendía y que abría la posibilidad de una existencia superior.

Eso es lo que se ha hecho imposible para los turbohumanos. No hay descanso, jubilación (que viene de júbilo, alegría), transcendencia ni futuro radicalmente otro para el hombre de nuestro tiempo. Solo cabe persistir en la agotadora travesía del desierto postfordista a la caza de renovadas oportunidades de negocio. El *ethos* capitalista, según nos dice Weber, solo se pudo imponer por el anhelo y la angustia de una salvación transcendente. Pues el primer hombre capitalista necesitaba ver en su productiva existencia la llamada divina («Anruf» en alemán) que garantizaba la vida eterna.

En el calvinismo veía Weber una especie de pacto postfáustico que ya no pide la gracia (convertida en trampa demoníaca) de vivir un instante perfectamente bello. Pues al contrario que el Doctor Faustus, propone un «contrato» de muy diferente naturaleza: ¡por favor Dios dame signos y garantías de mi salvación eterna y transcendente! A cambio ¡prometo no molestarte con cuestiones y deseos terrenales, pues ya me encargaré yo mismo de solucionarlos y hacer lo que sea necesario!

Frente a los católicos, esos protestantes reclaman: ¡Dame Señor un signo de que mi productivismo no me aparta del cielo! Pues temen tanto el pasaje bíblico: antes pasará un camello por el ojo de una aguja que un rico entre en el reino de los cielos, como a las jerarquías «papistas» que predicaban una pobreza a sus fieles, que no practicaban ellas.

Era un capitalismo que tan solo comenzaba su dominio y que permanecía todavía inserto en un mundo que no había sido completamente desacralizado. No era el actual neoliberalismo que coloniza la totalidad de la «sociedad de mercado», sino el inicio de un liberalismo que se contentaba tan solo con reivindicar una «economía de mercado». Entonces el calvinismo y otras corrientes luteranas todavía necesitaban vincular de alguna manera su triunfo mundano con la salvación transcendente (que es ¡otra forma de triunfo!). Pues esa era ya casi la única duda que le quedaba a su triunfantemente optimista voluntad de dominio sobre la naturaleza a través de la razón instrumental y la tecnología.

Por eso se dirigen directamente a Dios para que les confirme que la gracia divina acompaña su acción mundana y su creciente dominio global, ofreciendo a cambio que éstos se convertirán en el todopoderoso instrumento de Dios en la Tierra. En términos hobbesianos, más que confirmar que el Leviatán es dios en la Tierra —de lo que no tienen dudas—, tan solo les resta asegurarse de que además Dios bendice esa hegemonía absoluta.

Como en el «pacto» subyacente en la llamada Teología de la prosperidad, que tanto crece en Latinoamérica y otras regiones: el éxito mundano de los turbohumanos pentecostales revertirá económicamente —en legítima contrapartida— en su Iglesia. Así se hará posible —más materialistamente de lo que uno se espera— la venida divina sobre el mundo, que consideran el nuevo, verdadero y único posible juicio final en la Tierra. Es el *escatón* (el fin escatológico) que confirma la promesa de la victoria definitiva de los que están con Dios, frente a los que no han sabido reconocerlo ni seguirlo.

Autoexplotación, culpabilidad y nihilismo
Byung-Chul Han ve poco plausible que la multitud cooperante sea el verdadero sujeto revolucionario como piensa Antonio Negri. Pues el neoliberalismo ha convertido a todos los individuos en empresarios aislados que compiten entre sí y consigo mismos en una autoexplotación constante. Ahora bien, Han y Negri coinciden en que el postfordismo digital ha superado los simplistas dualismos de la lucha de clases, ya que las dualidades explotado-explotador se han difuminado en una generalizada autoexplotación de individuos considerados como empresas y marcas personales.

La compulsión impersonal del neoliberalismo —incluso más allá de Hayek— tiende a cortocircuitar cualquier resistencia permanente, identificable y colectiva. La turboglobalización ha deslocalizado las élites, que hoy han superado el tradicional ámbito nacional, y las ha invisibilizado detrás de crípticos «paraísos fiscales» y de los acelerados algoritmos de los flujos financieros. La compulsión impersonal triunfante hace del hombre de nuestro tiempo el cooperador necesario en una autoexplotación generalizada.

La estructura industrial fordista teorizada opuesta pero paralela por Karl Marx y Henry Ford ha cambiado profundamente. Por eso, el sistema postfordista y neoliberal ya se basa en una explotación y represión exteriores, sino de uno sobre sí mismo. Los dispositivos autocontroladores penetran en las subjetividades haciendo posible las más poderosas autoexplotación y autorrepresión (Han, 2012). Más allá de la fácil xenofobia, los turbohumanos ya no pueden aislar adecuadamente los causantes exteriores. Como la otra cara del «¡si tú quieres, puedes!», se culpan de todo fracaso en una dialéctica depresiva y autodestructiva.

En términos usados por Nietzsche en la *Genealogía de la moral*, el hombre ha interiorizado la «deuda» económica y productiva como «culpa» (que son los dos sentidos del término alemán «Schuld»). La relación con el triunfo económico se ha convertido en el motor último de su subjetivación. Por eso en el neoliberalismo —y a pesar de lo que se dice— el fracaso se convierte en culpa y vergüenza tan dolorosas que, para evitarlas, la gente se autoexplota hasta el colapso total del propio organismo.

También aquí demuestra Nietzsche que es el primer postmoderno (Mayos, 2012), pues claramente explicita la condición de posibilidad de la autoexplotación actual hasta el burnout. Se cumple así la idea nietzscheana de que la humanidad prefiere querer la nada a aniquilar el propio deseo. Prefiere querer nihilistamente hasta llegar a la propia autodestrucción que no desligar completamente sus deseos de la compulsión impersonal de los mercados. Se sacraliza como un nuevo dios el productivismo y el consumismo, confirmando el análisis de Walter Benjamin que define el capitalismo como un «culto culpabilizador», como una nueva religión.

Burnout, nihilismo y colapso existencial
En el acelerado neoliberalismo se entra en una dinámica imparable y adictiva que solo se puede parar de una manera brusca y apocalíptica. Al sumarse la desaparición del Estado del bienestar a las comunidades de autoayuda tradicionales, los turbohumanos se encuentran totalmente solos e inseguros frente a los fríos monstruos de la destrucción creativa y la compulsión impersonal del mercado. Tan solo tienen la opción de cabalgarlos como a un tigre enloquecido, sometidos al dilema: mal si lo consiguen pues no saben a donde les llevan, peor si saltan pues entonces los devoraran —como sin duda haría un tigre.

El hombre de nuestro tiempo se encuentra pues ante un círculo vicioso indefinido ante sí. Su final no puede ser otro, más pronto o más tarde, que el colapso orgánico completo que representa el burnout. Simplemente el organismo —mezcla psicosomática inseparable— encuentra de repente su límite, agota sus recursos, cae en una fatiga crónica y colapsa. Entonces pierde su capacidad de actuar, el ánimo vital para hacerlo y la capacidad para movilizarse una vez más. Es un resultado muy parecido al que provocan otros síndromes cercanos: la sumisión aprendida, la depresión exógena o el Information Fatigue Syndrome (acuñado por el psicólogo David Lewis) y que hemos estudiado en *La sociedad de la ignorancia* (Mayos y Brey, 2011).

Son distintas perspectivas de la gran patología emblemática del neoliberalismo. Tienen mucho que ver con lo que Nietzsche llamó el «nihilismo pasivo» (Mayos, 2007; Nietzsche, 2006) que colapsa toda vitalidad y, ante la imposibilidad de continuar luchando, simplemente claudica y se deja morir. El burnout como estado existencial y no tan solo profesional es una versión del nihilismo pasivo o de los estadios finales de la «fe muerta» de que hablaba Ortega (): «creemos en algo con fe muerta, con fe inerte, cuando, sin haberla abandonado, estando en ella todavía, no actúa eficazmente en nuestra, vida. La arrastramos inválida a nuestra espalda, forma aún parte de nosotros, pero yaciendo inactiva en el desván de nuestra alma. No apoyamos nuestra existencia en aquel algo creído, no brotan ya espontáneamente de esta fe las incitaciones y orientaciones para vivir. La prueba de ello es que se nos olvida a toda hora que aún creemos en eso».

Ahora bien en el burnout ja no estamos tan solo ante un estado espiritual como la «fe muerta», sino delante de un colapso existencial y vital completo, en el que ninguna «fe» tiene ya sentido ni potencial para vivir. Es el estadio final de la llamada «muerte de Dios». Así los turbohumanos pasan de la movilización total del organismo turbohumano, de quererlo todo ahora mismo y de la positividad creencial en el «yo puedo» al colapso orgánico total, e incluso a no poder querer ni apreciar nada.

Es el grado cero catastrófico de la voluntad de vida y de fe. Por eso no es tan solo una obsolescencia en algún aspecto parcial por importante que sea, sino holística, de todo el organismo, de toda voluntad o deseo de vivir (Mayos, 2016). Es el estadio final de la carrera competitiva que se llama vida en el neoliberalismo y la muestra de como puede descoyunturar todo proyecto turbohumano de vida (Bárcena, 2020).

Es el resultado lógico de una condena similar a la del titán griego Sísifo, los turbohumanos asumen tareas que no pueden culminar por mucho que lo intenten una y otra vez. Ello les provoca completo agotamiento psíquico y físico, burnout o la «sisifemia» diagnosticada por el doctor José Manuel Vicente, director de la Cátedra de Medicina Evaluadora Pericial de la UCAM.

¿Síndrome de indefensión aprendida?
El hombre de nuestro tiempo parece prisionero del síndrome de la indefensión aprendida. Por eso, desesperando de toda mejora de la equidad y eficiencia social, limita la mayor parte de sus esfuerzos a la propia superación personal. Esa cultura de la autoayuda solitaria y egoísta es consecuencia del hiperindividualismo que ha roto con altos costes psicológicos las comunidades que han presidido la mayor parte de la historia humana.

El individualismo turbohumano olvida que la calidad de vida está más vinculada a las instituciones en que vivimos que no simplemente a los esfuerzos personales. Es muy difícil que en una sociedad injusta y que no funciona viva bien más allá de una limitada élite extractiva (Acemoglu y Robinson, 2012). Como demuestra estadísticamente, Branko Milanovic (*Los que Tienen y los que no Tienen*, Alianza, 2012): solo un 20 % de nuestros ingresos dependen de factores individuales (esfuerzos, educación, capacidades...), mientras que el 80 % depende del país donde se vive y trabaja.

Así, la efectividad de los factores personales depende de la inclusividad de las instituciones políticas, sociales, económicas... Sin que ellas eviten eficazmente la exclusión por clase, raza, género o pertenencia a poblaciones minorizadas, no puede funcionar el ascensor social. En tal situación el talento personal, que tanto valoran los turbohumanos neoliberales, o bien no se desarrolla plenamente o bien no se recompensa.

En plena turboglobalización, ello se suma a la territorialización de los trabajadores —por ejemplo con conocidas restricciones a la migración— frente a la libre circulación de los capitales y flujos financieros. Además las élites extractivas hegemónicas imponen instituciones que restringen la inclusividad del trabajo y el talento, mientras que potencian el poder del dinero.

En consecuencia en lo que va de siglo y especialmente después de la larga crisis post2008, ha aumentado la desigualdad a récords desde que hay estadísticas fiables (Piketty, 201). De los incrementos de productividad conseguidos, solo un 20% termina destinándose a retribuir los trabajadores mientras que el 80% restante son beneficios para los capitales.

Pero, sorprendentemente, esta realidad rigurosamente establecida pasa desapercibida para la mayor parte de la población y continua imponiéndose la tendencia hiperindividualista. Parece que el desmontaje de las comunidades tradicionales y la derrota de los proyectos colectivistas del fordismo han generado una importante frustración social que se ha vivenciado como «indefensión aprendida». Esto es: las personas asumen nihilistamente que no pueden cambiar su destino colectivo y se resignan pasivamente a él.

Entonces abandonan todo proyecto común y los grandes debates ideológico-políticos para limitarse solo a los propios esfuerzos individuales. Olvidan la poca relevancia y efectividad de éstos cuando no van acompañados de instituciones públicas justas e inclusivas. Obvian que los humanos al tener que vivir necesariamente en sociedad y no aislados, dependen sobre todo de los marcos institucionales que se dan en función de las concretas hegemonías políticas. Los turbohumanos por tanto no quieren reconocer que su agotadora autoexplotación individual solo es muy escasamente compensada, cuando las instituciones no son justas y dominan elites extractivas.

Esa es una gran verdad que olvidan —consciente o inconscientemente— la práctica totalidad de la literatura de managers, autoayuda o coaching. En cambio se impone los mantras optimistas de «tu puedes» y «tu destino depende de ti», sin reconocer que eso solo sería cierto en un marco institucional que efectivamente garantizara a todos la igualdad de oportunidades y recompensas. Pero, cuando no es así, la mayor parte de los esfuerzos chocan con un «techo de cristal» que ha sido muy rigurosamente evidenciado para las mujeres. ¡Y eso en épocas donde ya se ha avanzado notablemente en contra de la discriminación por género!

Hay que analizar con profundidad como el auge de la ingenua «positividad» neoliberal del «si quieres, puedes», se ha retroalimentado de la derrota exterior, pero también fracaso interno, de los «regímenes de socialismo real». Pues, se suma al creciente desmontaje de las comunidades tradicionales y conjuntamente dejan a los turbohumanos totalmente aislados. Deben luchar limitados a sus únicas fuerzas y en función de los azares personales, pero además insertos en unas instituciones que no tratan por igual ni inclusivamente a todo el mundo.

Como el marco socio-político termina siendo más influyente en el destino personal que la propia capacidad o esfuerzo, los individuos largamente frustrados caen en una «indefensión aprendida». Esta se convierte en una trampa que se retroalimenta incluso con la reiteración de esfuerzos individuales condenamos al fracaso o a un éxito mínimo.

Los turbohumanos difícilmente pueden escapar de esa frustrante dialéctica, que se agrava bajo la persistente amenaza del burnout y la indefensión aprendida.

Superar la anomía y el burnout
El mundo turboglobalizado genera tal ansiedad que agota el organismo humano y provoca el burnout. La psique, la autoconfianza y el carácter son muy exigidos en las sociedades avanzadas, que tienden a la anomía, al hiperindividualismo y a la disolución social —como ya intuyó Durkheim.
Si bien, por un lado, convierten en libérrimas las posibilidades individuales de decidir sobre los vínculos sociales, también los fluidifica y los hace dependientes en última instancia del éxito económico y profesional. Además quiebra la sensación de solidez y indisolubilidad de los vínculos tradicionales, los cuales se experimentaban como un destino insuperable que constituía para siempre la propia identidad y el *ethos* que debía guiar la vida.

Ya Durkheim constató que el mercado capitalista provoca anomía social. Tiene razón porque la compulsión impersonal (Hayek) acelerada (Rosa) e impaciente (Sennett) del capitalismo cognitivo (Birardi) hace que las normas y vínculos sociales pierdan gran parte de su solidez, fuerza, poder y autoridad coercitiva. A cambio, el capitalismo cognitivo ofrece pocas seguridades mientras genera angustias, pues todo es tan fluido que fácilmente la vida se convierte en una montaña rusa impredecible.

Por eso el hombre de nuestro tiempo tiene que ser capaz de vivir al límite de la anomía y a lomos de un tigre enloquecido, pero sin enloquecer él mismo. Actualmente los individuos deben adaptarse permanentemente a un nomos «líquido» que cambia aceleradamente y según las circunstancias de los «mercados». Por eso la subjetivación del hombre de nuestro tiempo tiene en cada momento la forma del «contenedor» en que su existencia es «lanzada» (como corresponde con la «Modernidad líquida»).

La forma mayoritaria de comunicación está cambiando y nos transforma profundamente a todos. Tiene razón Sebastià Serrano en que las nuevas tecnologías de la información provocan paradojas, pues nos permiten comunicarnos con independencia del espacio con los que están lejos, pero al coste de apartarnos de los que están cerca y que antes eran nuestro entorno socializador más potente. Ello está desestructurando importantes elementos filogenéticos en la especie humana, que priorizaba de la comunicación cara-cara, etc.

Experienciar y conocer es enlazar sintéticamente. Para los humanos, solo un mundo enlazado tiene sentido y es habitable, experimentable, cognoscible y comunicable. Evidentemente esos enlaces son construidos por la mente humana y, por tanto de acuerdo con Kant, no se pueden considerar como la cosa-en-sí. Son fenómenos construidos y enlazados por los humanos que, cuando no encuentran orden, lo suponen (Descartes) ya sea haciendo mitos, religiones, metafísicas, teorías filosóficas, tecnologías o ciencias. La educación y aculturación humanas son básicamente aprender a formar, asumir y comunicar esos enlaces, actualizando un mundo cultural compartido.

Problema cognitivo, pero también ético

«Pensar es aprender de nuevo a ver y a dirigir la atención». Albert Camus
«No hay un método para encontrar tesoros ni tampoco hay un método para aprender». Gilles Deleuze

La «carta robada» como metáfora del presente
«No nos separa del ayer ningún abismo, sino una circunstancia transformada». A. Kluge.

¿Cuál es la mejor manera de esconder algo que, no obstante, se necesita tener disponible y muy a mano? Inevitablemente, cuando más buscamos un escondite recóndito, tanto más nos dificultamos el acceso rápido a él, pues los lugares muy protegidos y escondidos tampoco facilitan nuestro propio acceso. Por otra parte, tales escondites nunca no son totalmente seguros y nada puede impedir definitivamente que sean descubiertos por la persistencia de quien los busca con ahínco. Se trata en definitiva de una lucha entre dos esfuerzos contrarios pero de similar naturaleza. Uno va acumulando dificultades (ocultando muy lejos, tras muchas puertas y cerrojos, etc.) que el otro superando una tras otra. Claramente ganará la lucha el que sea más paciente y esforzado, ya sea añadiendo dificultades, ya sea superándolas. Pero lo decisivo es que no hay en esta dialéctica ningún mecanismo del que disponga uno de los contendientes, que no lo disponga el otro.

Es por tanto una cuestión de medios y de persistencia, pero no hay ocultación invulnerable. Por tanto, cada contendiente debe confiar en el agotamiento y el abandono del otro: o bien cansándose de poner barreras a lo ocultado, o bien hartándose de superarlas una tras otra. Como en la resolución de los laberintos clásicos, lo decisivo es no ponerse nervioso y persistir en la búsqueda de la salida. Por tanto, tarde o temprano ese tipo de laberintos o de ocultamientos serán superados. Es tan solo cuestión de tiempo y de persistencia.

Podemos decir que en el fondo son más decisivos el esfuerzo y la transpiración que no la astucia o la inspiración. Como el ocultador no plantea un reto realmente cualitativo y creativo al buscador, éste puede confiar simplemente en su perseverancia y en la cantidad de esfuerzo que ponga en marcha. En tal caso puede estar seguro de no hay escondrijo perfecto si dedica los suficientes medios a la búsqueda.

Para evitar esa situación que termina beneficiando al buscador si es lo suficientemente insistente, el escondite ideal o más seguro solo puede basarse en algo cualitativamente distinto de lo esperable. Debe ocultarse donde realmente el buscador no lo espera, no lo busque y —si lo descubre por azar— entonces no le preste atención. Es la vieja estrategia del camuflaje: estar allí a la vista, pero desviar la atención confundiéndose con el entorno.

Edgar Allan Poe (1969) optó por quizás la más aguda respuesta en su genial «narración extraordinaria»: *La carta robada*. Recordemos que se trata de esconder una carta incriminadora que permite extorsionar a una dama muy importante por parte de un ministro falto de escrúpulos. Para que su extorsión sea plenamente eficaz, el ministro debe tener fácilmente disponible en todo momento esa carta comprometedora, pero debe esconderla del intendente de policía, alguien muy concienzudo pero poco creativo. Y encuentra un escondrijo que hace fracasar reiteradamente al intendente en su búsqueda intensiva, a pesar de su diligencia, experiencia y de tener muchos medios para escudriñar hasta el más recóndito escondrijo.

El constatado fracaso del intendente para encontrar la carta, a pesar de sus muchos esfuerzos, sugiere al inteligente Augusto Dupin que para esconderla el ministro no ha optado por las estrategias habituales. Pues sabe que el intendente las conoce perfectamente y que —para ellas— está muy bien preparado, prevenido y dotado de inagotables medios.

Por todo ello, concluye Dupin que la carta solo puede estar en el gabinete del ministro, a pesar de haber sido mil veces registrado. Tiene que estar allí a disposición inmediata, pero tan astutamente dispuesta y camuflada como para no atraer la atención del intendente ni ser detectada por sus previsibles formas de búsqueda. Por eso, cuando Dupin decide investigar realmente en el gabinete, ya sabe como buscar *La carta robada* y no tarda en descubrirla.

Efectivamente, *La carta robada* está en el gabinete a la vista de todo el mundo, pero ha sido camuflada inteligentemente por el ministro para que nadie le preste atención. Tiene que ser invisible especialmente para los metódicos pero rutinarios investigadores del intendente. Por eso no la ha escondido bajo o tras algo, sino ¡mostrándola entre el correo, camuflada como una anodina carta más de las que pueblan habitualmente tales despachos!

En lugar de iniciar la larga y habitual búsqueda de ocultos escondrijos, Dupin se ha dedicado a imaginar el astuto marco creativo con que el ministro ha conseguido superar y ridiculizar al intendente. Y para poner en evidencia su superioridad en tales lides, en un instante en el que ha dispuesto una breve pero contundente distracción, sustituye *La carta robada* por otra similar que él ha preparado (incluso con un escrito lacerantemente sarcástico destinado al ministro).

Con ello y sabiendo que no tiene sentido que el ministro compruebe *La carta robada*, Dupin lo ha dispuesto todo para que este mismo «cabe su propia tumba» cuando finalmente quiera cumplir su amenaza de hacerla pública. Pues el ministro tampoco imaginará la sustracción de la verdadera carta robada al continuar «viéndola» ante sus ojos en su gabinete. Como antes el intendente de policía, también el ministro quedará prisionero de su marco mental y será —por tanto— superado por Augusto Dupin.

En *La noche del cazador*
Como *La carta robada*, también la única película dirigida por el actor Charles Laughton *La noche del cazador* (1955), reflexiona sobre la dificultad de descubrir lo que se busca con el mayor ahínco. Aunque se conozca su existencia y se lo tenga todo el rato ante los ojos, su escondite desafía a todos aquellos que no sean capaces de entender la psicología e imaginar la astucia de quien lo ha escondido. Ya saben, el perverso Harry Powell hace todo lo posible para descubrir el dinero que robó el ajusticiado Ben Harper y que esconde su familia. Lógicamente Powell primero centra su búsqueda en la viuda. Astutamente se casa con ella, la culpabiliza, atemoriza y fanatiza para que confiese el escondite del botín y finalmente la mata. Pero el difunto Ben no le había confiado el botín a su esposa —pues sabía su debilidad—, sino a su valiente y responsable hijo de ocho años. Cuando Powell se da cuenta que es el pequeño John —con quien ha convivido todo ese tiempo— quien debe saberlo, éste huye con su hermana aún más pequeña, Pearl.

Después de una larga persecución, el malvado Harry es detenido y vengativamente la turba quiere lincharlo. Pero precisamente en ese momento, a la vez liberado de tener que proteger su secreto y asqueado por la miseria moral de unos y otros, John sorprende a todos lanzando al aire el dinero que le dio su difunto padre. ¡Había estado escondido durante todo el tiempo en la muñeca que siempre había llevado consigo Pearl, el más pequeño e indefenso personaje de toda la película.

Todo el mundo lo buscaba pero nadie había sido capaz de pensar en un escondite tan banal, tan desprotegido y —como *La carta robada*— tan a la vista de todos. Como vemos tenemos en *La noche del cazador* otro buen ejemplo de la condición y retos cognitivos de las sociedades turboglobalizadas. El principal y decisivo reto cognitivo estriba en que la respuesta o el método de solución no son en absoluto previsibles, no responden a reglas establecidas e —incluso— solo se pueden «encontrar» gracias a un astuto salto mental, conceptual, creativo e innovador. Para entendernos: del tipo y calibre ejemplificados en *La carta robada* o *La noche del cazador*.

Pero en el fondo, el reto es aún más complejo, pues en esos dos casos sabemos en todo momento exactamente lo que hay que buscar: una carta y un fajo de billetes. Precisamente para que destacara la radicalidad del reto cognitivo, en ambos casos incluso se sabe bastante bien el entorno no muy amplio donde hay que buscar: en el gabinete del ministro y en el ¿limitado? espacio y pocas posesiones de un niño de unos ocho años y su hermana menor.

¿Conocimiento y vida robados?
¿Pueden los turbohumanos haber caído víctimas de errores y marcos limitados como los presentados en *La carta robada*

o *La noche del cazador*? Ciertamente vivimos en la sociedad del conocimiento, pero tanto ese vivir como ese conocer son cada vez más algo muy restrictivo, parcial y que poco tiene que ver con lo veníamos llamado así.

Tanto el vivir como el conocer han caído bajo un pensamiento único (Mayos, 2016 y 2012) que funciona como una especie de sentido común hegemónico que invisibiliza muchas experiencias, cuestiones y malestares que nos interpelan lo queramos o no. En definitiva ¡y más si está codificado en Big Data!, hoy ciertos vivir y conocer que ocultan otros más apreciados hasta ahora. Esconden una zona de lo humano que nos aliena, desertiza la vida y nos impide encontrar alternativas a permanentes angustias.

Así por ejemplo, pierde sentido «la esencia de la poesía» que analizó Heidegger y que nos obliga a persistir en la azarosa proximidad a la «existencia auténtica». Allí es donde —según Hölderlin— convive lo peligroso con lo que salva.

Como en *La carta robada* y *La noche del cazador*, también los turbohumanos ya no consiguen comprender el antinihilismo vitalista de Nietzsche. Se les ha hecho tan extraño que ya está más allá de sus marcos mentales. Pues impulsa a un «nuevo comienzo» y a preferir ser un «infante» (¡etimológicamente que les cuesta hablar o fonar!) a ser un «león» o al más encumbrado de los «últimos hombres».

Hoy sucede algo similar a lo que ocurrió con la extensión de la escritura. Entonces la cultura oral fue progresivamente relegada con sus rituales comunitarios, actitudes y mentalidades elaborados durante miles de años. Similarmente en la actualidad, se oscurece la tradición humanista porque mejoras tecnológicas indudables (como Internet) se aplican socialmente de una manera reductiva en función de lo que interesa en unos pocos ámbitos. Son básicamente marcos económicos y de gestión que tienen un impacto no solo instrumental en las prácticas superficiales, sino mucho más profundo en la consideración epistemológica del modo humano de conocer.

Ciertamente ello tiene una base en lo que Aristóteles llamaba «nous poietikós», es decir en el intelecto productivo-creativo. Pero reducido a una tradición muy estricta que lo aparta de todo conocimiento de lo eterno y substante. Es decir lo separa tanto del saber no estrictamente instrumental de Platón, como también de la tradición humanista desde Oriente al Cristianismo e incluso a la versión secular posterior.

Culminada esa evolución, hoy asociamos el «nous poietikós» a la novedad obsesiva, a lo simplemente disruptivo, a la innovación por sí misma y a un proceso de «destrucción creativa» acelerado y sin «control de calidad». Por lo tanto acabamos identificando muy reductivamente ese «nous poietikós» a lo temporal, pasajero y azaroso; es decir a lo que tiene una fecha de caducidad próxima (aunque no sepamos cuando) y por tanto está sometido a una obsolescencia previsible.

De hecho los complejos procesos de «destrucción creativa» generan disrupciones imprevisibles que provocan nuevas maneras de comprenderlo todo. Entonces, como en *La carta robada*, se puede tener ante los ojos lo que se busca y, sin embargo, ser incapaz de reconocerlo. Ello sucede con muchos elementos que —a pesar de las dificultades— eran accesibles para la tradición humanista y que los turbohumanos ya no pueden percibir.

Como apuntó Einstein: el mismo conocimiento que nos ha llevado hasta aquí (y que por lo tanto ¡ha sido bastante exitoso!) es lo que nos impide ir más allá. La evolución avanza como el capitalismo y el mercado (dice Peter Sloterdijk) por una lógica basada en la eliminación de especímenes y especies. Por eso son tanatologías que, a pesar de su contrastada creatividad y adaptabilidad, también pueden provocar extinciones masivas y reduccionismos que limitan peligrosamente la diversidad global. Además cosas con muy alto valor pueden desaparecer simplemente porque en un momento dado no tengan suficiente valor adaptativo. Por eso a veces eliminan para siempre experiencias y saberes de gran valor.

Los grandes cambios históricos no son nunca neutros, sino que tienen profundas consecuencias solo visibles a largo plazo y —por tanto— hay que preguntarse si nos encontramos hoy ante esa peligrosa situación. Hay que inquirirse críticamente cuales son los costes de la exigencia neoliberal a la movilización total del organismo humano hacia la única dirección de la productividad. Tal completa focalización bloquea muchas otras actitudes —sin duda más diversas y polivalentes— que habían caracterizado a la humanidad y que hoy vamos olvidando de forma prácticamente inconsciente.

Por eso tenemos que preguntarnos ¿cuantas «cartas robadas» están ante las narices de los turbohumanos sin que se den cuenta? Aún más ¿Cuántas experiencias y cuestiones esenciales hasta ahora, pasan a ser imperceptibles e impensables para los atareados turbohumanos? Y ¿Cuáles son los costes de todo tipo tras ese olvido?

El «constructivismo» contemporáneo
Los emprendedores neoliberales y cazadores postfordistas de oportunidades de negocio nunca saben qué tienen que buscar exactamente. Los turbohumanos tan solo saben que el escondite las oportunidades buscadas plantea algún tipo de profundo reto intelectual. Pues en caso contrario ya habrían

sido encontradas tiempo antes y por tanto de nada sirven las búsquedas habituales.

Ahí estriba la profunda angustia del reto cognitivo, innovador y de destrucción creativa que hoy nos convierte a todos a la vez en cognitariado y precariado. Los trabajos y retos que se nos presentan son básicamente cognitivos. Son búsquedas que —más que fuerza y esfuerzo físicos— requieren ingenio, creatividad y también «resistencia» mental. Exigen habilidades innovadoras, pero también caracteres «fuertes» y capaces de resistir la desesperación de volver una vez y otra al laberinto del desierto. Para una y otra vez, ser capaces de superar el reto de «encontrar» (no tan solo «buscar») algo que nos reta precisamente por su imprevista forma de mostrarse.

Por otra parte en la enorme competencia postfordista, solo se sabe que descubrir cada nueva oportunidad representa un tipo diferente de reto. Pues sería muy fácil resolver otra vez el mismo desafío de *La carta robada* o *La noche del cazador*. Por eso los turbohumanos solo saben que el nuevo problema será tan inesperado, frustrante, imprevisible e innovador como los anteriores. ¡O más! Pero de ninguna manera será predecible desde ninguno de ellos. Por tanto exigirá del ellos otro enorme esfuerzo de creatividad, imaginación e innovación.

El hombre de nuestro tiempo se encuentra por tanto ante lo más parecido a la divina «creación desde la nada», pues cada nueva oportunidad supone un partir desde cero. Por eso el éxito creativo es desesperadamente misterioso, casi imprevisible y dominado por la cruel máxima: «rendimientos pasados no garantizan rendimientos futuros».

Por todo ello, la creatividad innovadora que se exige debe ser conceptualizada, más que como el descubrimiento de algo previamente existente, como la construcción de nueva planta de algo radicalmente diferente. Esa es la clave básica del «constructivismo» contemporáneo.

Ahora bien, eso no significa que no haya algo previo y preexistente, como exageran algunas críticas postmodernistas que no se atreven a pensar la radicalidad del problema. Pues lo construido se hace sobre algo anterior pero inserto en tan radical proceso disruptivo, que nadie puede prever que se está buscando.

Eso es así precisamente hasta que ha culminado el momento constructivo, a partir de cuyo momento todo es muy fácil y hasta «evidente». Por eso el reto prácticamente desaparece tras el primer innovador y ese —como se dice— se lleva todos los beneficios y condena el resto de turbohumanos ¡incluido el mismo! a perseguir otra ocasión similar pero también disruptiva.

Tenemos un buen ejemplo —además muy conocido— en el «aceite de roca» anterior a finales del XIX. Entonces, cuando el llamado «aceite de roca» aparecía en unas tierras, era una auténtica desgracia pues no solo era algo sin valor, sino que las volvía incultivables. Parecía todo lo contrario de «una oportunidad de negocio», era una calamidad. Solo se convirtió en una «oportunidad» positiva, con el motor de combustión interna, la generalización de los coches y, después, de los plásticos, etc.

Solo entonces, ese funesto «aceite de roca» se convierte en el preciado «petróleo» que alimentará un nuevo estadio industrial y de acumulación del capital. A partir de ese momento las grandes petroleras fueron escalando los primeros puestos entre las empresas más poderosas y que más beneficios daban. Fue el caso de la Standard Oil (ESSO) que después de graves accidentes y corrupciones tuvo que cambiar de nombre en EXXON. También permitió el creciente poder de muchos jeques de Oriente Medio, por ejemplo con los famosos «petrodólares» que transformaron los mercados a partir de 1973.

La conversión del calamitoso «aceite de roca» en la mayor «oportunidad de negocio» del siglo XX, es un claro ejemplo de la mítica capitalista que anima a convertir las limitaciones en «oportunidades» y en nuevos negocios. Pues así es como avanza el capitalismo turboglobalizado, con una aceleración impensable antes.

Incluso el propio tiempo cambia disruptivamente. Pues en antes de la modernidad se movía a la velocidad de las manos (trabajo artesanal y manual) y de los pies (desplazamiento humano o sobre caballos). La primera industrialización lo hizo sobre la máquina de vapor (por tierra y por mar) y la mecanización del trabajo que pronto fue taylorizado bajo el dominio del cronómetro.

Ello hace plausible la tesis de Lewis Mumford que considera al reloj todavía más clave para la era industrial que la máquina de vapor. Precisamente bajo la hegemonía del tiempo del reloj, la industrialización eléctrica se emancipó totalmente de los ciclos circadianos naturales (noche-día, estaciones...) e inauguró la comunicación por telegramas, radio, etc.

Las cadenas de montaje alcanzaron los límites humanos (taylorismo) pero la comunicación todavía no. Eso sucede con la industrialización digital y cognitiva el maltusianismo informativo y la velocidad de comunicación (brockers, espionaje...) obliga a computerizar y crear algoritmos (descubiertos por Turing en su famoso desciframiento de la máquina codificadora Enigma). El peligro es que en la cuarta revolución digital el ser humano deviene marginal (pues los algoritmos dialogan entre si autónomamente) y a la vez sufre la presión para ser mejorado biológica-neuronalmente.

Como vemos y por lo apuntado, los desafíos cognitivos actuales sobre todo nos exigen creatividad e innovación. Y cuando no lo conseguimos ¡aunque sí lo hayamos hecho poco antes! padecemos todo el peso, la patología inducida y la condena generalizada que denominamos «obsolescencia», «burnout», «depresión»...

Aunque emociones como la angustia o la alegría tienen una base inmutable en la naturaleza humana, la intensidad, forma y estructura con que se sienten depende más de la sociedad en que se vive y —por tanto— se transforman con esta a lo largo de la historia (Elias). Las estadísticas son demoledoras: en 1960 se diagnosticaba depresión al 0,5% de la población, sin embargo en el 2008 se ha llegado al 10%. En 2017 puede llegar a afectar el 12% de la población y se prevé que hacia el 2020 afecte el 20%. Según la Organización Mundial de la Salud, hacia el 2030 será la principal causa de discapacidad. Y nos estamos refiriendo a una enfermedad con consecuencias biológicas, crónicas y recurrentes que colapsan los mecanismos que nos hacen sentir vivos: el ánimo, el tono corporal y mental, la energía vital...

Ahora bien, de *La noche del cazador*, podemos entresacar otra gran enseñanza sobre las patologías y angustias socialmente generadas en el capitalismo cognitivo. Pues esa película se sitúa en una omnipresente crisis económica (el postcrac de 1929 muy parecido al post2008) que genera inquietantes transformaciones y patologías en la gente. Es el caso del aumento de la desesperación y las angustias, de la desigualdad y disolución social, de la obsesión por el dinero y el crimen que suele comportar, de la violencia y el odio, del fanatismo y la credulidad...

Ciertamente, también aparecen otros ejemplos esperanzadores, pues la humanidad suele sacar lo mejor de sí en las circunstancias más terribles. Son por ejemplo las nuevas-viejas solidaridades y caracteres humanos, fuertes y corajosos como el del pequeño John Harper o de la viuda Rachel Cooper. En todo caso y como en *La noche del cazador*, los turbohumanos tienen que estar preparados para sorprenderse pues ¿Quién iba a decir? que en tales terribles circunstancias los más animosos, responsables, éticos, creativos y puntales del nuevo orden pudieran ser un preadolescente y una valiente anciana.

Thomas Kuhn (1977) demostró que las revoluciones científicas suelen nacer en científicos que situados en los márgenes del viejo paradigma y la vieja academia. Pues ciertamente ellos son los únicos capaces de asumir el reto cognitivo revolucionario, anticiparse a los cambios disruptivos y abrirse a la nueva destrucción creativa.

Por eso, parece que en las revoluciones sociales del presente el hombre de nuestro tiempo también deberá aprender de los márgenes y de los todavía no adaptados a la sociedad actual (Mayos, 2016: 102 y siguientes). Pueden ser —por ejemplo— los más jóvenes capaces de intuir el futuro y —quizás— los ancianos que todavía son capaces de vivir de acuerdo con anteriores grandes valores humanos.

Retroalimentación del conocer y el vivir
El hombre de nuestro tiempo digital está profundamente marcado por el conocimiento y su proyección extímica en Internet. Aunque el conocimiento ya ha sido un elemento decisivo en todas las sociedades y a lo largo de la evolución de

la especie humana, hoy ejerce una hegemonía que está transformando —incluso— la condición humana.

Los tres factores productivos tradicionales (la tierra con todas las materias primas, el trabajo y el capital) siempre han incluido implícitamente el conocimiento, el saber hacer humano. Evidentemente la tierra había de ser cultivada y todas las materias primas habían de ser convenientemente extraídas y tratadas. Eso lo hacía el trabajo humano que siempre incorporaba algún tipo de conocimiento, cultura y saber hacer. Por eso Marx no duda en incluir (en ese término tan amplio al que dedica su mayor obra: *Das Kapital*) también el conocimiento, el «know how» o el «saber como» tan valorado en las escuelas de negocios.

Como parece imposible vivir fuera de la sociedad del conocimiento, hay que investigar los límites, daños colaterales, peligros, dificultades, exigencias y angustias resultantes de ella. Se ha convertido en el universo sociocultural humano y —por el momento— parece estar en expansión acelerada como lo está —dicen los expertos— el propio universo físico.

Nuestra cuestión es propiamente: dado lo que hoy sabemos del capitalismo cognitivo ¿qué nos depara? Sin caer en discursos apocalípticos pero tampoco hagiográficos, desde una sana y responsablemente preocupada crítica nos preguntamos por sus consecuencias en nuestras vidas y en las del conjunto de la humanidad. Si nos centramos en su cara oculta, es precisamente por eso: por estar más oculta y porque necesitamos reflexionar las consecuencias de nuestros actos. Si nos centramos en sus peligros, es porque nos parece lo más importante preverlos y —si fuera posible— enmendarlos o minimizarlos.

Hay pues que ocuparse (también o, incluso, especialmente) de las consecuencias imprevistas y/o peligrosas del propio éxito de Internet, la «sociedad del conocimiento», el capitalismo turboglobalizado y las tecnologías digitales avanzadas. Por ello, asumimos el reto de investigar sus consecuencias para el futuro de la humanidad.

La gran *capability* y fuente de empoderamiento humanos han sido siempre la reflexión crítica y la voluntad de emancipación. Debemos llegar pues a un sabio punto de equilibrio. Como ya deseaba Heidegger (1989) lo que promete mejor resultado es aprender a convivir con el nuevo mundo pero sin caer en su fascinación, ya sea fanatizándose a su favor o en su contra.

Recordemos que la auténtica alternativa al amor no es el odio (ni al revés), sino tan solo y para ambos: el desapego, la distancia crítica, la serenidad e —incluso— la indiferencia. El más fuerte enamoramiento y su inverso el odio tienen una similar compulsividad que tan solo un sabio y distanciado desapego relativiza y controla. Inevitablemente tanto el amor fanatizado como el odio furibundo esclavizan y, muchas veces, hacen totalmente inconcebible construirse una vida alternativa. Solo cuando, comienza el sereno desapego se puede construir de verdad algo alternativo.

Patologías de la atención

La atención frente a la destrucción creativa
Como mostró el fenomenólogo Edmund Husserl, el modelo psicológico de la atención que ha desarrollado la humanidad está muy dirigido por la «intencionalidad». Según Husserl en cada acto concreto del intelecto rige un tipo u otro de intencionalidad.
Podemos decir que la atención humana es muy variablemente focalizada e «inteligente» en la medida que tiene una gran capacidad de adaptarse a lo que se espera encontrar en cada caso. Por eso son tan habituales puntos «ciegos» en las búsquedas —en la medida que son inesperados— como en *La carta robada* o en *La noche del cazador*.

Por el contrario son muchísimos los ejemplos de hechos que pasan desapercibidos porqué nuestra atención los obvia al considerarlos banales. En cambio se vuelven visibles y aparecen en un número sorprendente cuando despiertan nuestro interés por algún motivo, a veces inconsciente. Todo el mundo lo ha comprobado varias veces a lo largo de su vida cotidiana, por ejemplo: las embarazadas suelen «ver» o «prestar atención» a todas las embarazadas, a todos los bebes y a todo lo relacionado con ambos.

Durante una época en que yo mismo estaba muy preocupado por tener que mudarme de domicilio y trasladar mi ya grande biblioteca, descubrí sorprendidísimo la enorme cantidad de camiones y empresas de mudanzas que poblaban mi ciudad. Lo que de normal no me interesaba en absoluto y a lo que, por tanto, no veía ni prestaba ninguna atención, ¡de repente me interesaba, estaba «ante mis ojos» y llamaba poderosamente mi atención! ¡Una nueva realidad hasta entonces obviada —los camiones de mudanza, etc.— apareció sorprendentemente en mi vida y resultó que ya antes existía, «estaba allí» y era mi atención la que los obviaba al considerarlos banales!

Significativamente y una vez ya me hube trasladado, esa realidad existente volvió a desaparecer de mi vida, a pesar que sin duda continuaba «ahí» y se me puede volver a «aparecer», cuando vuelva a interesarme por ella por el motivo que sea. ¡Así es de poderosa la capacidad humana de seleccionar y prestar atención ¡o no! a aquello que le interesa de su vida cotidiana en cada momento!

Todo indica que mi experiencia con los camiones de mudanza es bastante característica e incluso definitoria de la humanidad. La mayor parte de los animales no humanos están muy predeterminados instintivamente a fijarse en lo que —por la filogénesis de su especie— les puede interesar y, por tanto, en lo que «pueden prestar atención» (por ejemplo a los posibles depredadores). Brevemente, podemos decir que el resto de animales no tienen tan grandes cambios en su percepción o atención, como los que tienen los humanos. Éstos tienen una atención más variable, que puede ser «programable» e «inteligentemente» dirigida por intereses personales más o menos inmediatos.

Esa dinámica también tiene su vertiente colectiva y cultural pues también las sociedades y los idiomas tienen unas determinadas vertientes que enfatizan unos elementos u obvian otros. Este principio está en la base de la famosa hipótesis de Sapir-Whorf sobre las ontologías y visiones del mundo presupuestas en los distintos lenguajes. También por eso Wittgenstein —en las *Investigaciones filosóficas*— vinculaba a los distintos «juegos de lenguaje» con diversas «formas de vida». Incluso Thomas Kuhn apuntaba que los distintos paradigmas científicos destacaban ciertos hechos específicos e incluso diferentes anomalías.

Es el principio que da sentido a la poesía visual de Brossa o de mi amigo Toni Prat: se trata de revelar en la «superficie» de una imagen —aparentemente banal— algo que obliga a percibir de otra manera, a pararse a pensar e iniciar el momento propiamente poético, reflexivo, filosófico, inteligente...

Esa constructividad humana de la atención puede ser un grave inconveniente a veces y —por eso— filósofos, científicos, poetas... tienen fama de «distraídos» y suelen provocar risas. Es muy famosa la anécdota de Tales de Mileto quien una vez, mientras caminaba escudriñando el cielo, cayó en un pozo y provocó la sorprendida risa de una esclava tracia.

Es un claro ejemplo de las paradojas que provoca la adaptable atención humana pues, mientras está concentrada en algo (por ejemplo los «especiales» intereses de filósofos o científicos) puede «fijarse» en detalles minúsculos. Pero en cambio, esa atención concentrada inevitablemente «des-atiende» las cuestiones más cercanas, cotidianas y obvias. Una cosa va en detrimento de la otra, haciendo que las preocupaciones tan teóricas, abstractas o específicas de los filósofos, poetas o científicos sean normalmente incompatibles con los afanes de la vida cotidiana. Paradojalmente aspectos estratégicos, científicos o tecnológicos muy concretos que pueden decidir una guerra, pueden distraer a las personas concretas hasta amenazar su propia supervivencia en esa misma guerra que han ayudado decisivamente a ganar.

El caso más conocido fue quizás la muerte del gran filósofo, científico e inventor Arquímedes. Había ayudado decididamente a impedir la invasión de la sitiada ciudad de Siracusa con inventos como el «fuego griego». Por eso el general atacante había dado orden de hacerlo prisionero sin poner en peligro su vida. Pero Plutarco narra que totalmente distraído en el estudio de uno de sus gráficos, desatendió las órdenes de un soldado invasor que le mató. Cuentan que lo último que dijo fue «¡no molestes mis círculos!». La misma capacidad de concentración y abstracción que lo hizo genial, le convirtió en fácil víctima de la brutalidad del soldado romano.

¿La era de la distracción creativa?
Pues bien en la complejidad del capitalismo turboglobalizado la atención es una de las facultades humanas más exigidas. Se trata de un mundo enormemente complejo y —lo que es aún peor— en constante destrucción creativa. Por lo tanto lo más difícil es conseguir síntesis valiosas y, para ello, se tiene que saber dirigir la atención a los aspectos más relevantes sin dejarse distraer por los demás por espectaculares que sean. Es todo un desafío pues el hombre de nuestro tiempo se juega gran parte de su vida cotidiana y cognitiva en la elección del foco, intencionalidad e interés que guían su atención.

Rasmus Hougaard y Jacqueline Carter (Potential Project) han realizado una encuesta a 35.000 líderes de empresa de más de 100 países. Han calculado que el 73 % se sienten distraídos «una parte» o «la mayor parte» del tiempo, por solicitudes de otras personas (26 %), por prioridades opuestas (25 %), por distracciones generales (13 %) y por una carga de trabajo demasiado grande (12 %).

Además el 67 % de los sujetos entrevistados describe su mente como «saturada» y el 65 % confiesa que no llega a cumplir sus objetivos diarios. Como podemos ver la atención es quizás la facultad más exigida actualmente. Pues hay que añadir la competición para atraparla que llevan a cabo el mundo del espectáculo, los mass media, las redes sociales, etc.

No facilitan las dificultades con que hoy se encuentra la atención de los turbohumanos —si no más bien al contrario— la superior visibilidad y el acceso global que Internet ofrece y que idealmente hace que nada pueda ya permanecer infinitamente en secreto (como han demostrado wikileaks, Julian Assange, Edward Snowden...). Pues, también tiene como contrapartida la dificultad de localizar la información relevante y discriminar la errónea, la redundante, la falsa... No en balde, nuestro tiempo se ha instalado en la postverdad y la proliferación exasperante de Fake News.

Como en *La carta robada*, la paradoja es que, en la sociedad donde nada puede permanecer oculto, resulta especialmente difícil poder ver, atender y visibilizar lo no oculto. Como anticipan Poe y *La noche del cazador*, en una sociedad bulímica informativamente la mejor manera de «esconder» algo es evidenciándolo banalmente entre un sinfín de informaciones y estímulos mucho más atractivos (sociedad del espectáculo) que lo «desatiendan», lo vuelvan dudoso, inseguro, minoritario, confundible con paranoias conspirativas, poco relevante...

Los problemas aumentan y son más difíciles de superar —pues— en una sociedad del conocimiento sometida a la mayor acumulación de información y aceleración en la destrucción creativa conocidas en toda la historia humana. Los profundos, disruptivos, constantes y acelerados cambios se añaden a la ya comentada progresión exponencial en la cantidad de información a procesar (Mayos y Brey, 2011). Entonces el peligro estriba en nuevos tipos de «neurosis experimental» (demostrada por el psicólogo ruso Iván Pávlov) que sufren los sujetos cuando no pueden discriminar entre los distintos estímulos a que son sometidos.

Incrementadas por la aceleración y el maltusianismo informativo, aparecen dificultades que vinculadas con cambios en la atención y la intelección similares a los ejemplos que hemos comentado. Surgen cuando se rompe el marco mental vigente y debemos hacer frente a otro inesperado, del todo diferente, imprevisto, cualitativamente otro... En tales casos, paradojalmente, lo buscado puede estar «ante los ojos» pero no ser percibido porque la atención no sabe como buscarlo o —mejor aún— lo busca de la manera tradicional y no la que exige la nueva realidad cambiante.

Así se cae en esa frustrante distracción cognitiva que impide detectar lo que es muy obvio si se acierta con el tipo de reto que se plantea. Tal distracción deviene crónica si no se produce un reajuste cognitivo que permite reconfigurar la propia atención. Ello es algo que ha devenido habitual en el capitalismo turboglobalizado que exige constantes saltos disruptivos. Y obliga a detectar y aislar nuevas oportunidades cognitivas entre la bulimia informativa y la maltusiana acumulación exponencial de ya viejas informaciones.

Ese flujo inacabable de información que debemos procesar para entresacar las nuevas oportunidades cognitivas conlleva el más agotador y constante cambio en la atención que, fácilmente, produce obsolescencias y patologías burnout. Ciertamente, todos nos hemos convertido en productores de información que circula descontextualizada y redundantemente pero (y eso termina siendo un gran problema) con pequeñas variantes en donde se esconden las creaciones disruptivas.

Hay que buscar la aguja innovadora en un inmenso pajar redundante, ese es el drama de la maltusiana sociedad del conocimiento. Aún más hay que detectar y descartar las Fake

News cada vez más hábilmente camufladas de «verdad» para formular nuevo conocimiento actualizado, fiable, sintético y de alto valor añadido.

Pero una vez formulado, incluso ese verdadero conocimiento queda sepultado y invisibilizado bajo la avalancha bulímica de falsas o fragmentarias imitaciones. Como en La biblioteca de Babel de Borges, coexisten millones de versiones erróneas o parciales de cualquier texto que se busque, convirtiendo en prácticamente infinitos los costes de selección.

Como una especie de prolongación perpetua del síndrome experimental detectado por Pávlov, la continua exposición al exponencial maltusianismo informativo provoca el Síndrome de Fatiga informativa (David Lewis, *Dying for Information?*). La capacidad analítica tiende a reducirse y se pierde el criterio cognitivo provocando angustia, lentitud, indecisiones... El stress experimentado lleva a que fácilmente se acabe optando por una pobre reflexión y atención, la precipitación en los juicios y —finalmente— errores incontrolables.

Por la evolución de la especie, la filogenética humana está más adaptada a contextos de falta de información que no de exceso, como sucede hoy. La humanidad hipersocial y gregaria siempre ha considerado más peligrosa la discordia que no el error y, por eso, la evolución ha permitido una credulidad que, teniendo riesgos, garantizaba la paz social (que no al revés).

Por eso la gente tiende a mostrar una alta credulidad sobre todo lo que le transmite un familiar o alguien con autoridad. También fácilmente la humanidad «completa» datos bastante objetivos con relatos míticos, supersticiosos y religiosos, casi sin distinguir lo primero de lo segundo.

Quizás por ello mismo y vinculado al maltusianismo informativo, hoy se percibe el rebrote de mentalidades simples y respuestas dicotómicas como el populismo, la xenofobia... La atención crítico-reflexiva es quizás la facultad humana más afectada por el actual maltusianismo informativo (Nicholas Carr, *Superficiales. ¿Qué está haciendo Internet con nuestras mentes?*).

Patologías contemporáneas
Como vemos, los actuales, rápidos y profundos cambios, la bulimia informativa, la proliferación del spam e —incluso como veremos— la sociedad zapping en que vivimos, generan una enorme presión sobre los mecanismos psicológicos de la atención. Continuamente hay que pasar de atender a un nuevo tipo de cuestiones, para muy rápidamente dejarlo y desatenderlo para poder prestar atención a otros. ¡Y así sucesivamente y casi sin descanso!

Los mecanismos psicológicos que apuntamos brevemente han sido desarrollados en la evolución humana para situaciones con relativa complejidad y con algunos cambios. Pero no fueron previstos para el actual incremento exponencial en la complejidad y las aceleradas transformaciones. Ello provoca patologías también vinculadas con síndromes asociados al burnout y a las dificultades para evitar obsolescencias, patologías o precariedades cognitivas, que nos interesan especialmente en este libro.

El postfordismo ha optado por la autoexigencia y la autoexplotación (Han) que son mucho más intensamente productivas. Pero además tienden a convertir a toda la vida en tiempo productivo, en estar «conectado» incesantemente, incluso en convertir el ocio en algo también productivo. Ello conlleva subjetivaciones más autoexigentes, flexibles y creativas pero a la vez también más «positivizadas». Pues son conducidas por el deseo, el principio de placer, la seducción y la autodisciplina más que por la obligación, el principio de realidad, el deber abstracto y la heterodisciplina. Una vez más es una distinción que separa el mundo postfordista de los turbohumanos del anterior mundo prefordista y fordista.

Por tanto, el postfordismo tiende a sociedades y subjetivaciones «de rendimiento», hiperactivas y autoexplotadoras hasta el dopaje. Quedan minimizadas —cuando no eliminadas— muchas actitudes tradicionales y necesarias en la humanidad: contemplación, crítica, aburrimiento, soledad, plena intimidad, reflexión, «reencontrarse a solas consigo mismo»...

Por otra parte el modo de vida postfordista nos proyecta en una total y perpetua «extimidad» ya que —incluso inconscientemente— siempre estamos expuestos en las redes y disponibles por los nuevos dispositivos informáticos: móviles, Big Data, internet de las cosas, etc. Por tanto la intimidad tradicional ha desaparecido y ya no existe aunque nos lo parezca. Pues hoy toda nuestra vida es trazable y codificada por un sin número de dispositivos «inteligentes». A otro nivel y en función del interés que pueda despertar nuestra vida, todos nos hemos convertido en un *Show de Truman*, esa película donde la vida entera de una persona «normal» es convertida en espectáculo mediático.

Las nuevas tecnologías hacen que cualquier momento es bueno para trabajar y cualquier lugar puede convertirse en el propio puesto de trabajo. Unos dispositivos miniaturizados nos permiten llevar nuestro archivo o biblioteca con nosotros, por tanto podemos convertir cualquier momento «perdido» (que nunca lo era y siempre fue una oportunidad de romper la rutina) en «productivo». La pregunta es ¿para quién?

En todo caso cualquier lugar deviene nuestra «oficina» con el efecto desagradable de que pierde su especificidad y reconduce toda posible experiencia en «gestión». Por tanto el aspecto inicialmente empoderador de la consigna «I'm my office», actualmente adquiere un sentido bastante menos positivo.

Ya nunca estamos «fuera», desubicados e interactuando desde «cero», sin la «red de seguridad mental» de traer con nosotros casi todo nuestro mundo. Por ello no solo el turismo ha perdido alteridad y valor como experiencia «diferente», pues siempre nos mantenemos cómodamente en contacto con «lo habitual». Pues hay muchos mundos distintos a veces muy cerca, pero sin dejar abierta o educar la atención ni tan siquiera percibimos su diversidad. Fácilmente se nos aparecen como variaciones casi indiferenciales de lo «mismo».

Además, las sociedades y subjetivaciones «de rendimiento» obligan a un nuevo tipo de atención multitarea, dispersa, con diferentes fuentes de información, con procesos paralelos, con poca tolerancia al aburrimiento, que claudica ante las dificultades complejas y se centra en las mecánicas... Ello lleva a menudo a respuestas compulsivas en la línea del Trastorno por Déficit de Atención por Hiperactividad (TDAH), la depresión o el burnout. Se producen porque el organismo ya no se puede reciclar ni hacer las necesarias funciones de mantenimiento y preparación para las tareas más inesperadas, creativas e innovadoras.

Significativamente, el neurocientífico Marcus Raichle (U. Washington, St. Louis) descubrió en 2001 que, cuando se descansa tras memorizar una lista de palabras, la actividad de los cerebro no disminuye sino que incluso aumenta consumiendo más energía (el 90% del total). Se activan las áreas RSN (resting-state networks / red de estado de reposo) o DMN (default-mode-network / red neural por defecto) que incluyen la corteza prefrontal medial, la corteza cingulada anterior, el precúneo, el hipocampo y la corteza parietal lateral. Parece que la función de RSN es establecer nuevas conexiones entre percepciones y recuerdos en apariencia inconexos, identificar patrones y elaborar nuevas ideas.

Pero lo más significativo es que, todo eso no es posible, si la mente no está en reposo o —más bien— descargada de otras tareas. Parece pues que no es demasiado buen negocio esa conexión constante que nos hace más productivos mecánicamente pero bastante menos para lo que realmente cuenta que son las experiencias y habilidades complejas, reflexivas, cualitativas y creativas. Paradojalmente los turbohumanos se concentran hoy en tareas secundarias de mantener los contactos y actualizarlos, prácticamente cuando están en la era de las tecnologías de la información y la comunicación que prácticamente las convierten en rutina. En cambio, minimizan y desprecian tareas y experiencias más complejas y creativas que son las que marcan la diferencia entre el homo sapiens y los «smart devices».

Se trata de un proceso paralelo al que lleva a las «sociedades avanzadas» a privilegiar la pedagogía del futuro en banales habilidades informáticas e incluso en las neurociencias, obviando las tradicionales virtudes humanísticas. Así predominan habilidades de corto alcance (y probablemente muy breve duración dado el desarrollo de las nuevas tecnologías) por encima de formar personas reflexivas, maduras, complejas, innovadoras y preparadas para una gran variedad de posibilidades disruptivas.

Tiene razón Nora Merlin (Universidad de Buenos Aires) en que el neoliberalismo tiende a la uniformización y «normalización» de las subjetivaciones que, además cuando sufren malestares, son rápidamente medicalizadas farmacológicamente para minimizar los costes productivos (ausencias justificadas médicamente, rendimiento mediocre, etc.). Se incrementa la tendencia a eliminar los síntomas disfuncionales con la sociedad y la economía, provocando una normalización que esconde toda diferencia. Pero además, sin atajar el malestar subyacente con lo que deviene crónico. Y con el peligro añadido de posibles adicciones por el consumo de sustancias farmacológicas.

En todo caso se impone una muy peligrosa dinámica social: solo se atajan aquellos malestares en lo que respecta a restablecer el equilibrio «normal» que permite continuar produciendo. En cambio se evita atender a patologías o malestares hasta que no tienen un efecto destructivo en el ritmo productivo de los sujetos y de la sociedad.

Destrucción creativa hasta la liquidez
«In the future, everyone will be famous for fifteen minutes», Andy Warhol.

Como apunta muy bien David Harvey (2004: 25), la modernización siempre ha supuesto «una violenta ruptura con alguna o con todas las condiciones históricas precedentes» y en última instancia conducía a «un proceso interminable de rupturas y fragmentaciones internas.» Ahora bien en el turboglobalizado capitalismo cognitivo, los profundos cambios en la percepción, atención e intelección (que hemos analizado) se aceleran enormemente y tienden a convertir el mundo en impredecible.

Pierde toda legitimidad lo vetusto ¡Incluso la palabra está hoy desuso! Lo longevo que tradicionalmente sugería que estaba muy bien hecho y era muy fuerte, hoy más bien indica que ha devenido viejo, caduco y achacoso. Se me argumentará el alto valor de lo antiguo en el mundo artístico y de los museos pero —no nos engañemos— el mercado del arte está continuamente deconstruyendo desde el presente el valor de lo antiguo.

Tradicionalmente el modelo de museo era el viejo, vetusto, entrañable y laberíntico Museo egipcio de El Cairo. Colmado de tesoros apasionantes, seguramente se lo podía acusar de deficiente catalogación y peor exposición. Pero en cambio puedo atestiguar personalmente que —quizás por eso mismo— está lleno de misterio, encanto y permite grandes sorpresas.

Ahora bien es indiscutible que el modelo tradicional de museo está siendo sustituido por museos minimalistas, higienizados, «divertidos» y centrados en unos pocos flashes en gran medida pensados para impactar en la pobre cultura de masas. Por eso no nos extrañará si la futura museización de Palmira después de la destrucción perpetrada por Estado Islámico, destacase precisamente las piezas y zonas que fueron semidestruidas por éste, con independencia de su valor histórico. Es otro ejemplo de como el presente y sus «noticias» termina devorando el pasado y sus restos.

De forma similar, tradicionalmente se consideraba respetable e incluso loable un cierto nivel de rutina y aburrimiento en los matrimonios y las parejas. Era visto como señal de la solidez y seriedad de la relación, pues habrían superado los altibajos de las sentimentales relaciones adolescentes y del amor romántico. En cambio hoy incluso las relaciones más serias se conceptualizan como proyectos a largo plazo de mejora personal y de integración de toda serie de novedades. De tal manera que la sensación de mera reiteración o «estancamiento» se convierte en señal inequívoca y en causa suficiente de que tal proyecto ha llegado a su final, se ha convertido en obsoleto y debe ser cambiado por otro radicalmente «nuevo».

Incluso las relaciones sentimentales y el amor romántico dejan de basarse en el pasado o el presente compartidos, para centrarse en el futuro y sus expectativas. Pues como dice Eva Illouz (2012: 151): «El individualismo contemporáneo está caracterizado por una búsqueda y una confirmación constante del propio valor y de la necesidad de diferenciación de los demás.» Es decir, vivimos en un individualismo que se basa en la constante concurrencia con los demás y consigo mismo, por lo que también aquí los «rendimientos pasados» pierden todo valor ante las expectativas de «rendimientos futuros» (verdadero altar ante el que se inmola incluso la relación sentimental más romántica).

El hombre de nuestro tiempo vive bajo una constante competencia cognitiva, creativa e innovadora que, como todo reto, puede ser ganada o perdida. Si se gana, podemos decir que se ha encontrado un oasis dentro del laberinto del desierto. Con ello se ha obtenido un descanso, pero pronto (como en las emblemáticas películas de la serie *Mad Max*) el hombre de nuestro tiempo tendrá que volver «a la carretera» e iniciar la búsqueda del combustible que lo pueda mantener en el necesario y constante movimiento.

Por ello, Bauman (2006: 9) considera «líquidas» a la sociedad y a la vida actuales, pues se caracterizan por una destrucción creativa tan rápida que el marco de actuación de la gente caduca y se vuelve obsoleto antes de poderlo «consolidar» en proyectos de vida personales o político-colectivos. Entonces la «compulsión impersonal» (completamente incontrolable según Hayek) de los acelerados cambios impone la dicotomía: adaptación u obsolescencia.

Eso trastoca la filogenética humana basada en gran medida en la capacidad de automatizar y convertir en hábitos culturales las innovaciones, para poder así dejar «espacio-tiempo» mental para hacer otros descubrimientos. La educación y la aculturización son en este sentido estrategias de transmisión social que ahorran a los individuos tener que descubrir por sí mismos las cosas. Así pueden seguir y colaborar con la evolución cultural-tecnológica típica de la especie humana.

Volver a hacer posible el deseo, tras los simulacros de goces

La modernidad se hizo luchando contra la tradición y el dominio del pasado sobre el presente. En el capitalismo turboglobalizado se llega al extremo de que la destrucción y el librarse de todo el pasado parece más importante que constituir algo estable (Bauman, 2006). Entonces, la experiencia personal y colectiva (como apuntó Benjamin) queda cada vez más imposibilitada por el creciente predominio del momento dialéctico (típicamente moderno y capitalista) de la destrucción por encima de la creación. Pues la acelerada destrucción creativa pone en peligro toda experiencia humana, narrable y mínimamente estable.

A diferencia de la serialización igualadora del fordismo, la proliferación postfordista de decisiones superficiales tiene un efecto desorientador. Incluso distrae poderosamente, ya que inhibe las experiencias más profundas y las reflexiones más creativas. La ansiedad inducida en el turbohumano le lleva a rechazar visceralmente experiencias que suelen ser incitadoras como el aburrimiento, el spleen cantado por Baudelaire, l'ennui de vivre... Solo en esos momentos abiertos, el ánimo busca configurar creativamente un nuevo deseo (Lacan) y consigue estructurarse expresivamente frente a sus formas ya caducas.

Hoy se nos dice contantemente que el capital cognitivo personal se ha convertido en la única verdadera propiedad de los individuos. Pero paradojalmente y de forma creciente, está amenazado —cuando no destruido y convertido en obsoleto— por una sociedad del espectáculo, del consumo y zapping que distrae de toda profunda experiencia personal. Incluso se bloquea la sed pero sin saciarla realmente, se sustituye todo deseo constituyente del sujeto por goces superficiales y en perpetua sustitución los unos a los otros. Y sin ninguna constitución estructurante del deseo (Lacan), el yo no puede constituirse sólidamente ni ejercer su necesario papel rector. Espejismos y simulacros gozosos difieren las expresiones personales y directoras del deseo.

Como ya intuyó Marx, entonces el yo, la tecnología, la cultura, las instituciones... tienden a volatizarse. Desaparece todo sentido o pervivencia (ya no digamos «tradición») que la sociedad pueda recolectar en su trabajo colectivo para transmitir a las nuevas generaciones por educación o aculturación. Pues, en definitiva, un polo clave de la dialéctica básica de la modernidad y del capitalismo —la destrucción— se impone sobre el otro —la creación—. Por ello, los individuos se quedan solos buscando continuamente innovaciones personales que —para más inri— luego serán evaluadas cruel y estrictamente por los mercados.

Además, siempre y en todo caso habrá que volver a un mundo laberíntico y desertizado por la falta de deseo estructurante. Hay que buscar una innovadora oportunidad de negocio que permita financiar los propios goces, aunque en gran mesura sea al coste de diferir el verdadero deseo. Así los individuos caen bajo el más superficial «eterno retorno de lo mismo», que nunca segrega tradición ni experiencia, no se convierte en rutina ni hábito, no se puede enseñar ni construye nada mínimamente sólido.

Precisamente porqué se opuso a esa tendencia, Nietzsche denigra a los «últimos hombres» en el libro IV de *Así habló Zaratustra*. Los acusa de estar esclavizados por sus pequeños y diversos goces «simplemente humanos», y los opone al transhombre-Übermensch (Mayos, 2012b). Éste supera el eterno retorno y a las formas «hombre» conocidas para permitir un radical nuevo comienzo del deseo. No nos tiene que extrañar, por tanto, que Nietzsche tenga en el niño la mejor metáfora para ejemplificar la superación de figuras emblemáticas como el «camello» (que todo lo carga sobre sus jorobas) y el «león» (que tiene el valor de «decir y hacer no», pero no es capaz de dar origen a un nuevo «decir y hacer sí»).

El «león» pues ha sido capaz de librarse de una pesada carga que le es impuesta, pero corre el peligro de quedarse en la pura negación de todo y por tanto quedar apegado tan solo negativamente a una nada (de conocimiento, de deseo creador, de tradición, de cultura, de vida...). El hombre de nuestro tiempo se debate tan solo entre las dos figuras del «camello» y el «león», sin asumir el verdadero comienzo creativo que representa el «niño» o «transhombre». En medio de la acelerada destrucción creativa, interpreta como su «capital humano» la acumulación de todo lo que puede «coleccionar» sin darse cuenta que se convierte fácilmente en impedimento que lo aproxima al burnout o a la obsolescencia.

Como mucho y ante el profundo estrés del turbocapitalismo, tan solo puede rugir su malestar como el león y echar de sus espaldas todo ese «capital in-humano» y ya caduco que cargaba en tanto que «camello». Bauman (2006) considera que en la modernidad líquida ese tipo de permanencia superficial se ha convertido en un peligro del que hay que deshacerse rápidamente. Siguiendo el cruel análisis de Bauman, hoy adquirir, comprar y consumir es fácil; lo difícil pero inevitable es deshacerse de los múltiples gadgets y servidumbres acumuladas.

Quizás lo más difícil, pero también lo más valioso, es reciclar «creativamente» lo que parece que hay que desechar, lo que aparentemente es solo residuo. La maravilla que —invierte la dialéctica moderna— es crear a partir de lo destruido. Volver a hacer transitable —aunque sea por un solo instante y quizás de una nueva forma— la senda que (según Machado) «nunca se ha de volver a pisar».

Similarmente a como se trabaja hoy en programación, los módulos preprogramados mantienen todo su valor en la medida que pueden ser incorporados de forma disruptiva y creativa a nuevos macroprogramas diseñados para cosas ayer impensables. Por tanto el «león» le puede enseñar al «camello» a «retener su carga» tan solo en la medida que está al servicio del «niño» que «juega» con ella para ofrecer «nuevos comienzos».

Sin duda ello es difícil, como hemos explicado con la metáfora de *La carta robada*. Pues llegar a «ver» las cosas (incluso las más tradicionales) cuando rompen el marco mental vigente, es ser capaz de «reciclarlas» innovativamente. Proyectarlas en otro marco disruptivo era algo bastante raro y poco necesario en la historia de la humanidad. Por eso Nietzsche no era entendido por los «hombres-camello». Pero hoy se ha convertido en algo esencial dentro del líquido capitalismo cognitivo que exige que la «destrucción» vaya siempre paralela a la «creación».

Ese es el reto que enfrenta el cognitariado turbohumano como «clase», pero sobre todo como conjunto de individuos obligados a competir capitalistamente entre sí. Pues vive bajo la disrupción constante y —por tanto— la necesidad de perpetua reinvención y de abrir «nuevos comienzos».

¿Fin de la linealidad por la acelerada destrucción creativa?

¿La destrucción creativa acelerada dificulta la linealidad vital, la racionalidad sólida y la experiencia ordenada de otros tiempos? ¿La turboglobalización descoyuntura las subjetivaciones de forma similar a como lo hace con los países y los estados? ¿La acelerada multitarea ha convertido nuestro mundo de la vida en esquizofrénico y en un fragmentario rompecabezas capturado por el spam?

Las neurociencias y la física cuántica afirman que la «realidad» en la que pretendemos vivir y que pretendemos «conocer» no tiene la solidez ni la unicidad que queremos creer. La vivencia de una realidad única y substancial es resultado tan solo de la reconstrucción de los flujos perceptivos llevada a cabo por el cerebro, bajo la influencia de la aculturización social. Pero hoy parece que esa necesaria reconstrucción tropieza con significativos contratiempos. También en este sentido —más radical que el de Lyotard— han caído los grandes relatos tradicionales.

Quizás por ello y cada vez más, la filosofía y los saberes críticos evolucionan hoy hacia el arte. Derivan hacia el mostrar mucho más que hacia el «de-mostrar». Evidentemente no hablamos del arte mimético, sino del basado en apuestas críticas dignas del presente. Éste refleja sobrecogedoramente el desconyunturar esquizofrénico que parece el destino contemporáneo.

Hiperaceleración y la conversión del tiempo en dinero

El creador de la cibernética, Norbert Wiener advirtió muy prontamente que los humanos estaban modificado tan radicalmente su entorno que estaban obligados a modificarse a sí mismos para poder vivir en él. Esa necesidad se ha incrementado tanto que afecta los turbohumanos distintas veces a lo largo de su corta vida. Deben angustiosamente luchar para adecuarse al cambio acelerado del capitalismo cognitivo. Pues los turbohumanos son tanto el resultado de esa hiperaceleración como el intento de sobrevivir en ella sin caer en el burnout.

Por tanto debemos analizar ahora ¿Cuál es la relación turbohumana con la temporalidad, el capitalismo y el productivismo digitales? Significativamente, la pregunta por el hombre de nuestro tiempo está marcada por la constitutiva complejidad del presente. Pues «nuestro tiempo» es a la vez «nuestra era» —el ahora en que vivimos— y el tipo de temporalidad que determina al hombre y a la época.

En la medida que el tiempo es el elemento más determinante, los turbohumanos están marcados profundamente, como a hierro ardiente, por una impositiva temporalidad universal. Todos indefectiblemente la vivimos, la sufrimos y somos constituidos y subjetivados por ella. ¡Los turbohumanos son el resultante de la actual temporalidad! Están determinados sobre todo por la descoyunturante disruptividad de los cambios tecnológicos, que difícilmente pueden dirigir.

Por eso, preguntarnos por el tipo de hombre característico de nuestro presente, comporta inquirir por la profunda marca de la temporalidad contemporánea. Ella es en cierta manera una primera respuesta, pues apunta a un hombre sometido por el tiempo hiperacelerado que le ha tocado vivir.

Actualmente nos determina la temporalidad de los negocios planetarios que nunca duermen, porque cuando termina la sesión en una bolsa o centro de negocios, siempre hay otros que la inician justamente entonces.

El tiempo turboglobalizado se mueve al ritmo frenético de los flujos financieros digitalizados y, por tanto, siempre es medido y vivido como convertible en dinero. «Time is money» decía Benjamin Franklin avisando en 1746 a un «joven comerciante» del coste de oportunidad resultante de no destinar el tiempo suficiente a algún negocio. Pues recuerda que el coste de la holgazanería o de la diversión tiene que sumar el dinero que se ha dejado de ganar mientras tanto.

Eso ya era relevante en el relativamente pausado tiempo de Franklin que —como mucho— iba a la velocidad de las diligencias de caballos o los barcos a vela. Pero a través de economistas como Frédéric Bastiat, Friedrich von Wieser y otros posteriores, la fórmula desarrolló todo su potencial para describir el destino de la sociedad occidental, donde el más corto instante suele marcar la diferencia entre el éxito y el fracaso.

Pues la turbotemporalidad supera los pesados e inexactos péndulos mecánicos y tiene que medirse precisamente con las constantes vibraciones de unos átomos muy concretos. Solo así se ha conseguido definir un tiempo «universal» y perfectamente cronometrado de forma idéntica en todas las partes del globo. Por tanto, no es solo un tiempo más rápido sino, sobre todo, infinitamente más preciso, más objetivado y que permite una conexión automática en un marco temporal omnipresente, perfectamente sincronizado y universal.

Las inmensas sinergias generadas por la turboglobalización aceleraron desmesuradamente la velocidad del cambio a partir del momento en que toda la Tierra fue finalmente unificada en un único «sistema mundo». Muchas veces cuando se unifican subsistemas hasta entonces separados, aparecen poderosas sinergias que aumentan sus potencialidades anteriores. Eso es lo que sucedió con la modernidad que inauguró el primer sistema-mundo de la historia (Wallerstein, 1984) y comenzó a moverse conjuntamente de forma acelerada.

«Globalización» y «edad moderna» son dos procesos paralelos, dos realidades que se implican. La primera modernidad no solo era una época de cambio sino que sobre todo consolidó la gran metamorfosis de lo «antiguo» hacia lo «moderno» (Jauss, 1976) y culminó los últimos grandes «descubrimientos» geográficos.

Como lo «moderno» comporta un profundo y radical cambio que, a la vez, supera y se opone a «lo antiguo», Baudrillard define la «modernidad» (en el artículo que le dedica en 1968 de la Enciclopedia Británica) por ser anti-tradición y por su inestabilidad en cambio continuo. La modernidad está caracterizada por la constante disrupción en un imparable proceso dual de «destrucción creativa». Ésta sigue —además y según Hayek— una evolución incontrolable y no dirigida por ningún ser personal, que genera un «orden emergente» que se impone como necesidad a los individuos.

El problema surge cuando con las sinergias de la unificación mundial —además de otros procesos como la tecnificación creciente de la sociedad— la tierra globalizada fue acelerándose hasta el punto que —en algún momento del siglo XX— debemos hablar de turboglobalización. Se trata ya de una globalización hiperacelerada en donde todos los flujos y conexiones se multiplican exponencialmente en cantidad, intensidad y velocidad (Mayos 2018).

La hiperaceleración de ese constante proceso de metamorfosis provoca terribles distorsiones en la organización del tiempo mental y vital de los individuos. Dificulta sus esfuerzos por mantenerse al día sin caer en la obsolescencia. Esas dificultades han aumentado todavía más en las últimas décadas con la creación de un continuo espacio-temporal único (que se superpone a Internet) donde los flujos financieros viajan a la velocidad de la luz y todo queda marcado por un dispositivo-tiempo turboglobalizado.

La pulsión del «now» asesina al presente y al futuro
Inspirado por el famoso grabado de Klee *Angelus Novus*, Walter Benjamin sintetizó las angustias de la ancestral teología judaica con la emergente condición contemporánea. Pues su «ángel de la historia» es en realidad el hombre turboglobalizado, el hombre de nuestro tiempo. Los turbohumanos son el «hombre nuevo», pero no de las revoluciones comunistas, si no de la temporalidad revolucionaria de hoy. Como el *Angelus Novus*, el hombre de nuestro tiempo no puede apartar la mirada desorbitada del amenazador espectáculo de su propia e inminente obsolescencia (Mayos, 2016b).

Pues la temporalidad turboglobalizada no es ya ningún progreso consolador. Las ruinas ya no caen necesariamente para poder edificar una era mejor. Actualmente el presente y el futuro se auguran como un completo caos imposible de prever, ordenar e incluso experimentar con cierta plenitud. Por eso, el hombre de nuestro tiempo fracasa en comprender el cambio sin aparente permanencia y la sucesión sin regla en que se está convirtiendo la vida.

Se rompe la conjunción tradicional entre pasado y presente, que tenía sentido porque actualizaba lo más relevante del pasado. Hoy se ha descoyunturado por la intromisión aceleradamente disruptiva del presente-futuro. Es desmembrada por un hoy que ya solo mira y atiende a un futuro inmediato, cortoplacista y monolíticamente tecnológico.

Con el slogan «The Future is Now», la publicidad y muchas propuestas musicales, políticas, fundaciones, etc. consiguen captar y adular la pulsión dominante en el hombre de nuestro tiempo. Expresan brillantemente la experiencia temporal que no solo nos aleja del pasado tradicional sino incluso del presente, del propio «tiempo» de vida, para anticipar un mañana que insistimos locamente en que se produzca hoy.

Ello termina sustrayéndonos el momento mismo del placer y del vivir. Pues —como ya intuyó Nietzsche— el ansia y la prisa ante el placer fácilmente provoca que éste desaparezca porque no se le destina el tiempo necesario para su goce. Acortarlo al máximo, pretendiendo gozar más y de forma totalmente inmediata, termina sustituyéndolo por una aspiración que en sí misma no es placentera necesariamente. Así se transmuta la vivencia del placer en acto por el ansia —ya no gozosa— de «más placer».

Además y como en la película de Francis Coppola, ese «now» que entre todos hemos construido es apocalíptico. Por eso finalmente, para esconder nuestra culpable colaboración con el engendro creado, lo hemos de eliminar, destruir e incluso asesinar. Indefectiblemente el hombre de nuestro tiempo ha de asumir el asesinato del presente porque, llevado por el huracán de la temporalidad turboglobalizada, lo ha convertido en el vertedero sin fin de sus sueños y gadgets tecnológicos.

Por eso y a diferencia de otras eras donde se añoraba algún arcádico y lejano pasado, los turbohumanos se ven obligados a añorar incluso aquello que con gran alegría descubrieron ayer mismo y cuyos beneficios anhelan conservar algunos instantes. La nostalgia romántica se ha desplazado hoy a un presente todavía no agotado, aún no plenamente experimentado y cuya vivencia no hemos llegado ni tan siquiera a iniciar.

Los bohemios vanguardistas de finales del XIX quedaron sobrecogidos («románticamente» aunque se negaran a reconocerlo) por el «nuevo» malestar del aburrimiento, el *ennui de vivre* y el *spleen*. Ansiosos por abrir ¡por fin! el futuro que anhelaban y revolucionar su árido presente, sufrían porqué el pasado no se resignaba a morir y prolongaba su dominio agónico. Aunque fuera cada vez más decrépito y sin auténticas propuestas, el pasado persistía allí ahogando el presente y bloqueando el futuro.

Pero la angustia turbohumana es muy diferente y harto más compleja. Ciertamente también experimenta «la tierra de nadie» entre un pasado que todavía no se ha ido y un futuro que se resiste ¡a venir, a nacer, a consolidarse, a imponerse, a dominar la vida! Así lo sentía Gramsci en su pequeña celda, pero sufriendo sobre todo por la gran prisión que —pensaba— era la historia y la sociedad para toda la humanidad. Así y en su total falta de libertad, Gramsci concebía y anhelaba la Libertad que el futuro debería traer indefectiblemente.

Pero el hombre de nuestro tiempo tampoco puede vivir ya en ese «mientras tanto», anhelando más futuro, más progreso y por fin revolución. Ya no clama a realizar ese «hombre nuevo» y esa revolución que nunca terminan de venir. Mil veces, el pretendido «hombre nuevo» se ha traicionado por lo viejo que hay en él y la revolución ha resultado demasiadas veces diferida o —en las restantes ocasiones— profundamente decepcionante. Hoy nuestro tiempo corre huérfano de esos ideales pero —paradojalmente— todavía repleto de desconfianza, sospecha y decepción.

Pues al hombre de nuestro tiempo le es impuesto el futuro como un pasado obsoleto ¡incluso antes que sea experimentado, vivido, «presentado» y hecho «presente»! Según proclaman los mass media y exige el turbocapitalismo, ese futuro-presente debe ser disruptivamente innovado a toda marcha. Pues «The Future is Now» y por tanto el presente es ya peligrosamente «ayer», presente-pasado.

El tiempo de la vida y de la experiencia real-efectiva se ha acortado peligrosamente y, muchas veces, se ha vuelto imposible. Por ello el hombre de «The future is now» pierde no solo su pasado sino incluso su presente. Deviene turbohumano y ha de «asesinar», no solo la memoria, sino la posibilidad de experimentar verdaderamente la propia vida, hurtada en y por la precipitación.

«The Future is Now» es heredero de la vanguardia y los revolucionarios que piden un presente que marque el abismo total entre pasado y futuro, y que rompa la inercia del pasado. Pero no obstante, terminará siendo su contrario pues presupone la completa comensurabilidad e —incluso— identidad entre el futuro y el presente-now. Así colapsa la idea moderna de Futuro-progreso, negando la posibilidad de un «por-venir» realmente alternativo, diverso, revolucionario…

Por tanto, aunque parece optar por un progreso futuro, en realidad niega radicalmente que sea disruptivo (en cuyo caso no sería como hoy-now) y termina sumándose al «No Future» del Punk más desesperado. Incluso puede ser una versión pretendidamente optimista y edulcorada del Eclesiastés (1: 2, 9 y 10) que le dice a cualquier revolucionario o altermundista radical: «¡Vanidad de vanidades, todo es vanidad! […] Lo que fue, eso será, y lo que se hizo, eso se hará, pues no hay nada [realmente] nuevo bajo el Sol.»

Sea porqué la aceleración de la destrucción creativa y la ansiedad del «The Future is Now» bloquean a los turbohumanos, lo que hoy deberían experimentar a fondo y llenar su vida es menospreciado como algo ya pasado. La paradoja es que les hubiera halagado si hubieran tenido la oportunidad de experimentarlo ayer, pero hoy ya representa algo caduco y obsoleto. ¡Y se niegan a experimentarlo y a sacar las oportunas consecuencias!

Los turbohumanos sufren hiperbólicamente la paradoja que marca a las experiencias más radicales: o bien es demasiado pronto y todavía no se está en condiciones de comprenderlas; o bien ya es demasiado tarde para preparar, prevenir y suavizar su impacto. Como se pregunta agudamente el *Menon* de Platón ¿cómo se puede buscar lo que se desconoce? Es decir: ¿Cómo buscar, «pre-ver», «pro-gramar» y «proyectar» lo que es radicalmente disruptivo?

Engañándose ante esa paradoja, el hombre de nuestro tiempo convierte su presente-now en pasado, pues solo anhela el futuro-instante-de-la-gran-promesa. Llevado por el sentido común del refrán «agua pasada no mueve molino», rechaza la sabiduría hegeliana de que la «figura de la consciencia» no adecuadamente superada queda como una asignatura pendiente contra la que debemos enfrentarnos las veces que haga falta. Mientras tanto y como no ha sido incorporada sublimadamente, no nos proyecta dialécticamente más allá del viejo «nosotros».

No es solo que lo vivido hoy ya no se parece a lo que ayer se experimentó (o se debió experimentar). Además el hombre de «The Future is Now» desiste de vivir todo aquello que se le dice —imperativamente— que ya debería haber vivido ayer. Y así la experiencia humana se empobrece a fuerza de diferir (en el sentido de Derrida) aquello en lo que se está, el presente vital, por querer vivir el presente-futuro que dictaminan los medios.

Elogio de la melancolía

Heidegger, Benjamin y Baudrillard reivindican un aburrimiento creativo que no es otra cosa que, el humor hipocrático asociado a la filosofía: la melancolía. Precisamente porque están poseídos de la «positividad» acrítica del «si quieres, puedes» y la ansiedad del «The Future is Now», los turbohumanos menosprecian la melancolía. Pues choca radicalmente con el aburrimiento banal que la sociedad del consumo y del espectáculo exorciza hábilmente con algún pasa-tiempo, di-versión, festejo, entre-tenimiento... también banales y que se inscriben dentro del dispositivo-tiempo turboglobalizado.

La macrofilosófica melancolía es —con el aburrimiento— lo que puede sacar a los turbohumanos del tiempo alienante del espectáculo por el espectáculo. En términos de Lacan, es la condición para posibilitar el deseo que revitaliza todos los goces pero —a la vez— los difiere por algo que sentimos más nuestro y nos posee. Nos abre la posibilidad de un acontecimiento y un entusiasmo que rompan con el dejarse vivir. Posibilita un existir más pleno, interesante y arriesgado: un nuevo comienzo.

Según Nietzsche, nos convierte en niños y «transhombres» pero solo si ese nuevo comienzo se mantiene arriesgadamente abierto. En caso contrario —como también avisa Pascal— nos hace recaer en el estigma de los últimos y más desesperados hombres (del cuarto libro del *Así habló Zaratustra*). Entonces recae en el nihilismo al convertirse en un absoluto metafísico que (como esas conchas protectoras que historiza Hans Blumenberg) encierra la siempre abierta experiencia de la existencia, pretendiendo asegurarla.

Fuera del absoluto protector, vuelve a ser posible, incluso inevitable (aunque siempre riesgoso) exponerse y autoexpresarse. Aunque quizás el momento antropofágico (que en el Brasil de los 1960 ejemplifica Caetano Veloso) debe complementarse con eliminar todo lo ya no nutricio para el propio existir.

Presente-futuro bajo el estigma del *Angelus Novus*

Así los turbohumanos sustituyen su tiempo real y vital por el que dispone la dictadura del mercado. No tienen tiempo para vivir su presente vital, porque se les impone como más «vital», productivo y rentable el «tiempo» fijado por esa abstracción metafísica llamada «mercados». Y esa experiencia frustrante, que niega cualquier vivencia real, se repite indefinidamente con cada atardecer.

Al contrario de la lechuza de Minerva, los turbohumanos olvidan y menosprecian la experiencia del día sin poder elevarla a concepto ni extraerle sentido. También desprecian la prudencia pesimista de Kant cuando se niega a considerar ilustrado su tiempo, diciendo que está tan solo en proceso de ilustración. Frente a esa prudencia que agradece el hombre atribulado por la historia, «The Future is Now» juega a creer (como otras consignas publicitarias) que «todo es posible» y que el tiempo es «nuestro tiempo» a pesar de no poder experimentarlo por su hiperaceleración.

Esa temporalidad locamente disruptiva imposibilitó primero los proyectos colectivos a largo plazo. Pues cayeron los grandes relatos de las religiones y luego las ideologías. Y si hoy parecen retornar viejos fundamentalismos (Kepel, 1991; Mayos, 2018b) es porque —como en la «dialéctica de la ilustración»—la tierra totalmente iluminada, nos deslumbra con su total desconsuelo (Horkheimer y Adorno, 1998).

Así el hombre de nuestro tiempo aprendió a desconfiar de las promesas de las filosofías de la historia y vio aterrado como todas las utopías celestiales se convirtieron en infiernos en la tierra. Incluso las meras ordenaciones de sesudos historiadores, parapetados en sus metodologías e historiografías, se nos presentan hoy como vanas y traicioneras «Fake News». Esa sensación de «postverdad» se ha convertido en inseparable del hombre de nuestro tiempo. Pues al no tener una experiencia vital de «verdad», tampoco puede verdaderamente concebir ni distinguir la «verdad» de las más burdas falsedades.

En muchos aspectos el hombre de nuestro tiempo no tiene «tiempo» para experimentarlo ni experimentarse. Como el *Angelus Novus* ya no puede ver su propia vida como una coherente serie causal, una lógica cadena de acontecimientos o un proyecto personal a medio y largo plazo. Todo se mezcla en una catástrofe única bajo montones informes de «ruina sobre ruina», que carecen de verdadero sentido vital, pues tan solo reflejan el «sentido» prestado y reconstruido que nos ofrecen los mass media.

Como el ángel de Benjamin, también el hombre de nuestro tiempo quisiera poder detenerse y experimentar aquello que se le da como muerto pero que necesita para vivir. Quisiera recomponer lo menospreciado y destruido precisamente por no atreverse a tomarse el tiempo necesario para experimentarlo y extraerle el sentido que tiene para él personalmente. También los turbohumanos son arrastrados —lo quieran o no— por un irresistible huracán que les impone la representación abstracta dictada por los mercados. ¡Impidiendo así su propia, vital e intransferible experiencia!

Ese huracán que es su tiempo obliga a los turbohumanos a vivirlo como un dispositivo que se limita a coordinar los flujos económicos, sociales y políticos globales (Muntadas, 2016). Así los turbohumanos terminan renunciando a cualquier «sentido» que vaya más allá de lo performativo y productivo. Para los turbohumanos, su tiempo —tanto el epocal como el personal— es simple y exclusivamente «money». Seguramente ello hace a la sociedad y a los individuos más productivos pero —más allá de lo que aventuraba Franklin— no les ofrece el sentido vital que precisan y que les permite disponer de una verdadera experiencia del propio «tiempo».

Como ya intuyó Benjamin, el huracán de la temporalidad turboglobalizada arrastra el hombre contemporáneo irresistiblemente hacia el futuro, «The Future is Now». Pero convierte su presente-now —su tiempo vital— en un vertedero de rechazos civilizatorios. Tan solo ayer eran lucientes y tentadores, pero hoy los vemos sucios, olvidados y medio rotos —pues tristemente algunos todavía encienden sus luces aquí y allá—. Ese vertedero creciente, sin «sentido» y casi infinito es el resultado más duradero del progreso contemporáneo en el que vive —lo quiera o no— el hombre de nuestro tiempo. Es su mundo, es nuestro mundo e —incluso— la única experiencia o sentido que al final queda.

«Poner a trabajar» el tiempo libre
Analicemos ahora el mecanismo perverso por el cual el hombre de nuestro tiempo se pierde en una temporalidad invivible y que le condena a la obsolescencia y al burnout (Mayos, 2016b). Es significativo que, precisamente cuando el consumo se ha convertido en inseparable de la producción y el ocio de la autoexplotación, se haya generalizado tanto el burnout

(que puede provocar hasta la muerte, como denuncia Cosima Dannoritzer en el documental *Ladrones de tiempo*).

Por ejemplo, cada vez más los turbohumanos tienen que realizar por sí mismos actividades que antes formaban parte del servicio ofrecido como: reponer la gasolina o comprobar la presión de los neumáticos, tramitar el check in de los vuelos, realizar los trámites de las bibliotecas, montar los muebles de IKEA, gestionar el online banking...

A cambio de unas pequeñas rebajas en el precio, el consumidor paga también con su tiempo y se convierte en una especie de trabajador externalizado que, además, fácilmente es muy lento, ineficaz y poco productivo. Es curioso que la sociedad que ha divinizado más la productividad genere precisamente derivas tan poco rentables y efectivas.

Se trata de una dinámica perversa y poco rentable socialmente que consigue poner a producir el tiempo libre y el ocio transhumano. Cada vez más, el tiempo que no estaba predestinado, que era «libre», deja de ser ocioso para sacrificarse en una especie de trabajo externalizado, no reconocido como tal y ¡además bajo una «productividad» ridícula!

La autoexplotación turbohumana alcanza el sumum de la irracionalidad en esos nuevos ámbitos «externalizados» donde ¡expertos ultraespecializados en sus respectivas profesiones se degradan a sí mismos ante tareas ajenas, que odian y por unas míseras monedas!

Es paradójico y muy alejado incluso de la racionalidad económica e «instrumental» (Horkheimer, 2002) que cada vez más partes del «tiempo libre» se sacrifiquen bajo una versión del «time is money» tan burda. De haberla sospechado, habría horrorizado al mismo Benjamin Franklin pues es el más falaz derroche por «coste de oportunidad». Esas angustiantes gestiones, en la que muchos somos realmente inhábiles, ofrecen ahorros ridículos en comparación con el rendimiento (incluso en términos de placer o «dolce far niente») de las actividades que hemos sacrificado a cambio.

Los turbohumanos sacrifican su cada vez más escaso tiempo libre con negocios tan ruinosos como esos presuntos «ahorros». Y precisamente en una época donde aumenta su «coste de oportunidad» por una hiperaceleración que descoyunta todo proyecto vital y les quita el tiempo imprescindible para realizarlo. Solo una profunda alienación justifica que tales argucias acentúen todavía más la falta existencial de tiempo en los turbohumanos.

Hacia la catástrofe ¿now y cronos únicas temporalidades?

La multiplicación de ejemplos como el brevemente analizado es tan solo una consecuencia más de la pérdida de «sentido» que lleva a sacrificar el tiempo; olvidando que es necesaria condición de posibilidad de todo proyecto humano. Significativamente el pensamiento único está completamente obsesionado por la producción, lo meramente cuantitativo, el «now» y el tiempo-cronos de la simple reiteración indefinida de momentos idénticos.

Prioriza así un tiempo antivital que no permite ninguna verdadera especificidad que dé sentido a la vida, ni deja espacio a ningún tipo de transcendencia. La monótona cronología del «time is money» rompe con el presente-now (Jetztzeit) que exige y permite la decisión (Jullien, 2001). Niega el presente revitalizado por manifestar algún acontecimiento con sentido, que destaca por sí mismo, que va más allá del «now» y que actúa como «mojón» que marca alguna ruptura o salto cualitativo.

Por eso la temporalización meramente cronométrica del neoliberalismo tampoco es el momento adecuado, oportuno y realmente mejor que suele designarse con el término kairós. Este —en algún sentido— camina y aporta algo al tiempo que pondrá fin al tiempo (escatón), el momento final, de la última acción y del juicio definitivo.

Otra cosa es que la angustia ante la aceleración de la destrucción creativa que nos obliga a «cazar» reiteradamente oportunidades de negocio (Mayos, 2016b: 85 y siguientes) y exitosas innovaciones disruptivas, haga sospechar al hombre de nuestro tiempo un desenlace apocalíptico.

Por eso la catástrofe es una imagen de pesadilla que persigue ambivalentemente al hombre de nuestro tiempo pues —aún siendo negativa— al menos promete poner fin a una aceleración imparable, angustiosa e insoportable. No puede ser de otra manera, pues nuestro hombre vive desposeído de la claridad cronológica que necesita —con el desconcierto consiguiente—. Tal lucidez debería actuar (Elias, 2010: 93) como un marco de referencia y erigir «hitos reconocibles» que actúen como referencias individuales y colectivas. Pero eso se ha vuelto imposible precisamente en la época en que la humanidad ha consolidado medidas del tiempo absolutamente precisas.

Los relojes basados en las oscilaciones atómicas del cesio permiten medir incluso leves reducciones en la velocidad de la Tierra provocadas por mareas y su acumulación a lo largo de las décadas. Con otras tecnologías, permiten la actual precisión de los GPS que definen un mismo y universal continuo espacio-temporal en todo el mundo. Pero con gran paradoja, esos grandes logros están coincidiendo con el hundimiento y obsolescencia del hombre incapaz de asumir vitalmente ese tiempo tan riguroso y objetivo como inhóspito, inhumano y desalentador.

Es un tiempo que permite el negocio como ninguno, pensado para que no se escape nada en absoluto del complejo fluir del dinero. Ahora bien choca con la necesidad de «sentido humano» y fractura todo proyecto vital a medio y largo plazo. Pues la hiperaceleración social amenaza permanentemente al hombre de nuestro tiempo con la obsolescencia, el burnout o una creciente angustia.

Dispositivo-tiempo universalizado y money
Las sociedades turboglobalizadas se basan en un «dispositivo-tiempo» que facilita la gobernanza económica de los hombres pero dificulta enormemente que florezca su vida personal. Es muy eficaz para fomentar infinitamente la productividad y los vínculos dinerarios, pero no para el resto de temporalidades en que el ser humano debe inscribirse para madurar su compleja condición.

Estamos pensando por ejemplo: En la lentitud —a veces exasperante pero siempre necesaria— de la reflexión. En la sorpresa inesperada, disruptiva y no programable de la inspiración o de la intuición. En la reciprocidad de la convivencialidad humana: ahora tú, ahora aquél, ahora yo... en una gestión colectiva tampoco totalmente previsible porque está basada en la espontaneidad, amistad y amabilidad. En la circularidad de los ciclos naturales, corporales y vitales que nunca se reiteran exactamente igual —en contra del eterno retorno de lo mismo según Nietzsche—. Etc.

El hombre actual se somete a un dispositivo-tiempo pensado para conexionar eficazmente todo tipo de artefactos entre sí. Incluso permite «capturar, orientar, determinar, modelar, controlar y asegurar los gestos» (Agamben 2015:

23) y prácticas de los vivientes. Pero siempre y prioritariamente con un objetivo productivo y económico.

Por eso los turbohumanos experimentan con creciente angustia vital que —en contra de las promesas— el dispositivo-tiempo no es adecuado ni pensado para ayudar a vivir. A pesar de ello, el dispositivo-tiempo es una red que conexiona muy eficazmente gran parte del diverso conjunto de elementos —inseparablemente tecnológicos y naturales— con que interactúan y se constituyen los humanos. Incluso captura en una cronología perfecta cada una de esas interacciones. Pero otra cosa muy diferente, es ayudar a vivenciar al humano el mundo resultante de la hegemonía de ese dispositivo-tiempo.

Como dice Agamben (2015: 32), el triunfo final de la oikonomía clásica es «una actividad pura de gobierno que solo busca su propia reproducción» y termina clausurando (Mayos 2016b) la autonomía de la política y de la vida. Por eso el hombre de nuestro tiempo experimenta toda su vida y el mundo turboglobalizado como una «institución total». Se somete en todo momento al continuo espacio-temporal turboglobalizado que vigila, memoriza, canaliza y controla la totalidad de acciones de sus «pupilos», mediante GPS, Big Data, algoritmos de inteligencia artificial, etc. Eso lo convierte en el panóptico perfecto y en una versión digital, global e infinitamente más poderosa que la prisión, el asilo, el manicomio, la fábrica, el cuartel, el internado, la escuela... (Foucault, 1982).

El mundo turboglobalizado se ha convertido en cierto sentido en una «institución total» precisamente debido a que el dispositivo-tiempo lo vigila, controla, coloniza y graba todo. Además mediante los GPS consigue territorializarlo efectivamente, situándolo en un mismo, universal y panóptico continuo espacio-temporal.

Así se consigue satisfacer de manera absoluta una necesidad básica —en principio— de los negocios turboglobalizados: determinar con todo rigor a quien corresponde alguna transacción, donde se produce, desde cuando tiene efectos económicos, etc. Más allá del derecho humano a la intimidad, solo la necesidad de secreto que comporta de la corrupción y la tendencia a invisibilizar negocios paracriminosos limitan el dominio omnipresente del dispositivo-tiempo. Pues es una exigencia turbohumana que se desprende de la conversión universal del «time» en «money».

De hecho quizás la consecuencia de mayor calado de la proclama de Franklin es que inicia el largo proceso por integrar, asimilar y fijar como idénticos u homólogos dos dispositivos (el del tiempo y el del dinero) que hasta entonces funcionaban como relativamente desconectados. Además unió a ambos la necesidad de integrar todo lo que puede llegar a devenir «productivo». Así el «nec otium», el «negocio» o «no-ocio» (según la etimología latina) ha llegado incluso a integrar al *otium* y al consumo como algo también productivo y eminentemente económico.

Espacio, tiempo y dinero configuran así tres series numéricas paralelas, homólogas y cada vez más abstractas. Conjuntamente pueden colonizar todo el mundo de la vida y configurar una «institución total» que no deja ningún resto o alteridad. También han posibilitado que la «economía de mercado» del liberalismo clásico se convirtiera en una verdadera, entera y total «sociedad neoliberal de mercado».

Pues ya nada queda por colonizar a esa poderosa equivalencia «time is money» y sus dispositivos sincronizadores (Muntadas 2016). Por tanto finalmente se ha universalizado y cerrado sobre sí la «jaula de acero» que Max Weber vinculaba al «espíritu del capitalismo». Para ello ha sido necesario que el dispositivo espacio-tiempo colonizara la totalidad de «lo real» y lo redujera a un continuo tan omniabarcador como subordinado al dinero —en tanto que único valor que importa en última instancia.

Bibliografía

Acemoglu, Daron y Robinson, James A., *Por qué fracasan los países. Los orígenes del poder, la prosperidad y la pobreza*, Barcelona, Deusto, 2012.
Agamben, Giorgio, *¿Qué es un dispositivo? seguido de El amigo y de la Iglesia y el Reino*, Barcelona, Anagrama, 2015.
Agamben, Giorgio, *Homo sacer 1. El poder soberano y la nuda vida, 2, Estado de excepción*, Valencia, Pre-Textos, 1998.
Agamben, Giorgio, *Homo sacer 2. Estado de excepción*, Buenos Aires, A. Hidalgo, 2005.
Anders, Günther, *La obsolescencia del hombre, Vol. I. Sobre el alma en la época de la segunda revolución industrial y Vol. II. Sobre la destrucción de la vida en la época de la tercera revolución*, Valencia, Pre-Textos, 2011.
Anderson, Benedict, *Comunitats imaginades. Reflexions sobre l'origen i la propagació del nacionalisme*, Catarroja, Afers / Universitat de València (1991 revisada), 2005.
Arendt, Hannah, *¿Qué es la política?*, Barcelona, Paidós, 1997.
____, *La condición humana*, Barcelona, Paidós, 1993.
Augé, Marc, *Non-Lieux, introduction a une anthropologie de la surmodernité*, París, Seuil, 1992.
Bárcena Gómez, Alfonso, *Macrofilosofía del Capitalismo*, tesis doctoral en la Universitat de Barcelona, 2015.
Baudrillard, Jean, «Modernité» a Encyclopaedia Universalis, París, Encyclopaedia Universalis, S.A., consultable a http://209,85,229,132/u/egs1?q=cache:HvPN-nmpJK0J:www,egs,edu/faculty/baudrillard/baudrillard-modernite,html+Modernit%C3%A9&cd=1&hl=ca&ct=clnk&ie=UTF-8, 1997.
____, *La transparencia del mal. Ensayo sobre los fenómenos extremos*, Barcelona, Anagrama, 1991.
Bauman, Zygmunt, *¿La riqueza de unos pocos nos beneficia a todos?*, Barcelona, Paidós, 2014.
____, *Amor líquido. Acerca de la fragilidad de los vínculos humanos*, Buenos Aires, FCE, 2005.
____, *Modernidad líquida*, México, FCE, 2005.
____, *La globalización. Consecuencias humanas*, México, FCE, 2003.
____, *Tiempos líquidos. Vivir en una época de incertidumbre*, Barcelona, Tusquets, 2007.
____, *Vida líquida*, Barcelona, Paidós, 2006.
Zygmunt Bauman / Keith Tester, *La ambivalencia de la modernidad y otras conversaciones*, Barcelona, Paidós, 2002.

Beck, Ulrich, *La sociedad del riesgo. Hacia una nueva modernidad*, Barcelona, Paidós, 2006.
Beck, U., Giddens, A, y Lash, S., *Modernización reflexiva. Política, tradición y estética en el orden social moderno*, Madrid, Alianza, 2008.
Bell, Daniel, *El advenimiento de la sociedad postindustrial: un intento de prognosis social*, Madrid, Alianza, 1976.
Benjamin, Walter, *Angelus Novus*, Barcelona, Edhasa, 1971.
Benjamin, Walter, *El capitalismo como religión*. Revista el *Viejo Topo*, 26-9-2917. https://www.elviejotopo.com/topoexpress/el-capitalismo-como-religion.
Berardi, Franco, *Il sapiente, il mercante, il guerriero. Dal rifiuto del lavoro all'emergere del cognitariato*, Roma, Derive Approdi, 2004.
Berardi, Franco, *La fábrica de la infelicidad*, Madrid, Traficantes de sueños, 2003.
Berger, Peter Ludwig y Huntington, Samuel, *Globalizaciones múltiples. La diversidad cultural en el mundo contemporáneo*, Barcelona, Paidós, 2002.
Berger, Peter Ludwig y Luckmann, Thomas, *La construcción social de la realidad: un tratado en la sociología del conocimiento*, Buenos Aires, Amorrortu, 1995.
Berger, Peter Ludwig y Luckmann, Thomas, *Modernidad, pluralismo y crisis de sentido. La orientación del hombre moderno*, Barcelona, Paidós, 1997.
Berman, Marshall, *Todo lo sólido se desvanece en el aire*, Siglo XXI, 2008.
Blumenberg, Hans, *Salidas de caverna*, Madrid, Antonio Machado, 2004.
Boltansky, Luc y Chiapello, Ève, *El nuevo espíritu el capitalismo*, Madrid, Akal, 2002.
Borges, A. y Coelho, S. (Eds.), *Interconstitucionalidade e Interdisciplinaridade: desafios, âmbitos e níveis de interação no mundo global*, Uberlândia, LAECC, 2015.
Borges, Jorge Luis, *Obras completas 1923-1972*, Buenos Aires, Emecé, 1974.
Braidotti, Rosi, *Soggetto nomade. Femminismo e crisi della modernità*, Roma, Donzelli, 1994.
Brown, Wendy, *El pueblo sin atributos. La secreta revolución del neoliberalismo*, Barcelona, Malpaso, 2016.
Campàs, Joan, L'Hipertext, Barcelona, Editorial UOC, 2005.
Carr, Nicholas, *Superficiales. ¿Qué está haciendo Internet con nuestras mentes?*, Madrid, Taurus, 2011.
Castells, Manuel, *Comunicació i poder*, Barcelona, Editorial UOC, 2009.
___, *La Sociedad red. Una visión global*, Madrid, Alianza, 2006.
___, *Sociedad del conocimiento*, Barcelona, Editorial UOC, 2004.

Català, Josep Maria, *La gran espiral, Capitalismo y paranoia*, Vitoria-Gasteiz, Sans Soleil Ediciones, 2016.
Chabot, Pascal, *Global burn-out*, París, PUF, 2013.
Crary, Jonathan, *24/7: El capitalismo al asalto del sueño*, Barcelona, Ariel, 2015.
Christian, David, *Mapas del tiempo, Introducción a la «gran historia»*, Barcelona, Crítica, 2005.
Cometta, Mosè (2019) *Una lettura (post-)marxista delle tensioni identitarie contemporanee: La transizione urbana ticinese*, doctoral thesis by University of Lausanne (Suiza).
Cyrulnik, Boris, *Las almas heridas: las huellas de la infancia, la necesidad del relato y los mecanismos de la memoria*, Barcelona, Gedisa, 2015.
Dawkins, Richard, *El gen egoísta: las bases biológicas de nuestra conducta*, Barcelona, Salvat, 2000.
Debord, Guy, *La Sociedad del espectáculo*, Valencia, Pre-textos, 1999.
Deleuze, Gilles y Guattari, Felix, *El Antiedipo. Capitalismo y esquizofrenia*, Barcelona, Seix Barral, 1973.
____, *Mil mesetas. Capitalismo y esquizofrenia*, Valencia, Pre-Textos, 1988.
Diamond, Jared, *El mundo hasta ayer. ¿Qué podemos aprender de las sociedades tradicionales?*, Barcelona, Debate, 2013.
____, *Colapso. Por qué unas sociedades perduran y otras desaparecen*, Barcelona, Debate, 2006b.
Dumazedier, Joffre, *Vers une civilisation du loisir?*, París, Seuil, 1962.
Durkheim, Emil, *El suicidio. Estudio de sociología*, Madrid, Reus, 1928.
Eco, Umberto, *Apocalípticos e integrados*, Barcelona, Lumen, 1965.
Elias, Norbert, *El proceso de la civilización, Investigaciones sociogenéticas y psicogenéticas*, México, FCE, 1987.
____, *Sobre el tiempo*, México, FCE, 2010.
Florida, Richard, *La Clase creativa: la transformación de la cultura del trabajo y el ocio en el siglo XXI*, Barcelona, Paidós, 2010.
Foucault, Michel, *Vigilar y castigar*, Madrid, Siglo XXI, 1982.
____, *Historia de la sexualidad, I. La voluntad de saber*, México, Siglo XXI, 1978.
Fraser, Nancy y Jaeggi, Rahel, *Capitalism. A Conversation in Critical Theory*, Oxford, Blackwell's UK, 2018.
Gehlen, Arnold, *El hombre: su naturaleza y su lugar en el mundo*, Salamanca, Sígueme, 1987.
Gellner, Ernst, *El arado, la espada y lo libro. La estructura de la historia humana*, Barcelona, Península, 1994.
Gergen, Kenneth F., *El yo saturado. Dilemas de identidad en el mundo contemporáneo*, Barcelona, Paidós, 1992.

Giddens, Antony y otros, *Las consecuencias perversas de la modernidad: modernidad, contingencia y riesgo*, Barcelona, Anthropos, 1996.
Girard, René, *Mensonge romantique et vérité romanesque*, París, Grasset, 1961.
Habermas, Jurgen, *Historia y crítica de la opinión pública, La transformación estructural de la vida pública*, Barcelona, Gustavo Gili, 1981
Han, Byung-Chul, *La sociedad del cansancio*, Barcelona, Herder, 2012.
___, *La sociedad de la transparencia*, Barcelona, Herder, 2013.
___, *Psicopolítica*, Barcelona, Herder, 2014.
Hardt, Michael y Negri, Antonio, *Multitud. Guerra y democracia en la era del Imperio*, Barcelona, Debate, 2004.
Hardt, Michael y Negri, Antonio, *Imperio*, Barcelona, Paidós, 2002.
Harvey, David, *La breve historia del neoliberalismo*, Madrid, Akal, 2007.
Hayek, Friedrich August von, *Fundamentos de la Libertad*, Madrid, Unión editorial, 2008.
Hernando, Almudena, *La fantasía de la individualidad: Sobre la construcción sociohistórica del sujeto moderno*, Buenos Aires, Katz, 2012.
Heidegger, Martin, *Serenidad*, Barcelona, Serbal, 1989.
Honneth, Axel, *Crítica del agravio moral. Patologías de la sociedad contemporánea*, Buenos Aires, FCE, 2009.
___, *Reificación. Un estudio en la teoría del reconocimiento*, Buenos Aires, Katz, 2007.
Horkheimer, Max y Adorno, Theodor W., *Dialéctica de la Ilustración. Fragmentos filosóficos*, Madrid, Trotta, 1998.
Horkheimer, Max, *Crítica de la razón instrumental*, Madrid, Trotta, 2002.
Huntington, Samuel, *El choque de civilizaciones y la reconfiguración del orden mundial*, Barcelona, Paidós, 2005.
Inglehart, Ronald, *Modernización y posmodernización. El cambio cultural, económico y político en 43 sociedades*, Madrid, Centro de Investigaciones Sociológicas y Siglo XXI, 2001.
Inglehart, Ronald y Welzel, Christian, *Modernización, cambio cultural y democracia: la secuencia del desarrollo humano*, Madrid, Centro de Investigaciones Sociológicas y Siglo XXI, 2006.
Illouz, Eva, *La salvación del alma moderna. Terapia, emociones y la cultura de la autoayuda*, Barcelona, Katz, 2010.
Innerarity, Daniel, *Política para perplejos*, Barcelona, Galaxia Gutenberg, 2018.
Ismail, Salim; Malone, Michael; y Geest, Yuri van, *Exponential Organizations: Why new organizations are ten times better, faster, and cheaper than yours (and what to do about it)*, Nueva York, Diversion Books, 2014.

Jauss, Hans Robert, *La literatura como provocación*, Barcelona, Península, 1976.
Jullien, François, *Del tiempo. Elementos de una filosofía del vivir*, Arena libros, Madrid, 2001.
Keen, A., *Digital vertigo. How Today's Online Social Revolution is Dividing, Diminishing, and Disorienting*, Nueva York, St. Martin's Press, 2013.
___, *Internet no es la resposta*, Barcelona, Catedral, 2016.
Kepel, Gilles, La revanche de Dieu, Chrétiens, juifs et musulmans à la reconquête du monde, París, Seuil, 1991.
Koselleck, Reinhart, *Futuro pasado. Para una semántica de los tiempos históricos*, Barcelona, Paidós, 1993.
Kuhn, Thoma S., *La estructura de las revoluciones científicas*, México, FCE, 1977.
Le Breton, David. *Disparaître de soi. Une tentation contemporaine*, París, Éditions Métailié.
Lipovetsky, Gilles, *La felicidad paradójica. Ensayo sobre la sociedad del hiperconsumo*, Barcelona, Anagrama, 2007.
Lyotard, Jean-François, *La condición postmoderna. Informe sobre el saber*, Madrid, Teorema, 1984.
___, *La posmodernidad (explicada a niños)*, Barcelona, Gedisa, 1996.
Macpherson, Crawford B., *La teoría política del individualismo posesivo. De Hobbes a Locke*, Barcelona, Fontanella, 1979.
Machado, Antonio, *Poesías completas*, Madrid, Espasa-Calpe, 2001.
Mayos, Gonçal, «Políticas del desconcierto», 2018b, https://goncalmayossolsona.blogspot.com/2018/11/politica-del-desconcierto.html
___, «Time is money, el hombre de nuestro tiempo» en *A lanterna de diógenes: reflexões sobre o homem da pólis contemporânea*, Dennys G. Xavier (Coord.); Uberlândia, Laboratório Americano de Estudos Constitucionais Comparado, LAECC, 2018a, págs. 403-425.
___, *Macrofilosofia della Globalizzazione e del pensiero unico*, Barcelona, Linkgua Ediciones, 2016a.
___, *Homo obsoletus. Precariedad y desempoderamiento en la turboglobalización*, Barcelona, Linkgua Ediciones, 2016b.
___, «Genealogía de la globalización», en *Anuario del conflicto social 2015*, Barcelona, 2015a.
___, Vulnerabilidad, precarización y cambio social. Del capitalismo nofordista al postfordista, en Fabricio Polido y María Fernanda Repolès (Eds.), *Law & Vulnerability / Direito & Vulnerabilidad*e, São Paulo, Almedina Brasil, 2015c.
___, «Oci una genealogia macrofilosòfica», Gonçal Mayos y Teresa-M Sala «Reflexió macrofilosòfica sobre la societat de l'oci, del consum, de l'espectacle i del coneixement» a Teresa-M Sala (coord.) (2012)

Pensar i interpretar l'oci. Passatemps, entreteniments, aficions i addiccions a la Barcelona del 1900, Barcelona, Editorial U.B.
Mayos, Gonçal, y Brey, Antoni (Eds.), *La sociedad de la ignorancia*, Barcelona, Península, 2011.
____, *Filosofía para indignados. Selección de la Internacional Situacionista*, Barcelona, RBA, 2013b.
____, «Cognitariado es precariado. El cambio en la sociedad del conocimiento turboglobalizada», *Cooperación y cambio social en el siglo XXI*, Gonzalo de Castro y Begoña Romá (Eds.), Barcelona, Intervida, 2013c, págs. 143-157.
____, *Macrofilosofía de la Modernidad*, Gonçal Mayos, Rota: dLibro, 2012b.
____, «Baudrillard y la Sociedad del Simulacro» en *Barcelona Metropolis. Revista de información y pensamientos urbanos*, 2010b, págs. 36-39.
McLuhan, Marshal y Powers, B. R., *The Global village, Transformations in world life and media in the 21st century*, Nueva York y Oxford: Oxford University Press., 1989
McNeill, J. R. y McNeill, W. H., *Las redes humanas. Una historia global del mundo*, Barcelona, Crítica, 2004.
Merlin, Nora, *Mentir y Colonizar. Obediencia inconsciente y subjetividad neoliberal*, Buenos Aires, Letra viva, 2014.
Milanovic, Branko, *Los que tienen y los que no tienen*, Madrid, Alianza, 2012.
Mishra, Pankaj, *Age of Anger: A History of the Present*, 2017
Mouffe, Chantal, *En torno a lo político*, Buenos Aires, FCE, 2007.
Muguerza, Javier, La razón sin esperanza, Madrid, Taurus, 1977.
Muntadas, Borja, *Inmediatez, capitalismo y vidas aceleradas*, Lisboa, Chiado, 2016.
Ortega y Gasset, José, *Historia como sistema*, Madrid, Revista de Occidente, 1958.
Piketty, Thomas, *El capital al segle XXI*, Barcelona, RBA, 2013.
Edgar Allan Poe (1969) *Narraciones extraordinarias*, Madrid, Salvat.
Polanyi, Karl, *La gran transformación. Los orígenes políticos y económicos de nuestro tiempo*, México, FCE, 2003.
Polido, Fabricio y Repolès, María Fernanda (Eds.), *Law & Vulnerability / Direito & Vulnerabilidade*, São Paulo, Almedina Brasil, 2015.
Rifkin, Jeremy, *El Fin del trabajo. Nuevas tecnologías contra puestos de trabajo. El nacimiento de una nueva era*, Barcelona, Paidós, 1996.
Rosa, Hartmut, *Beschleunigung und Entfremdung — Entwurf einer kritischen Theorie spätmoderner Zeitlichkeit*, Frankfurt del Meno, Suhrkamp, 2013.

Rosling, Hans; Rosling, Ola y Rosling, Anna, *Factfulness: Diez razones por las que estamos equivocados sobre el mundo*, Barcelona, Deusto, 2018.
Rushkoff, Douglas, *Present Shock: When Everything Happens Now*, Penguin, 2013.
Sadin, Éric, *La humanidad aumentada. La administración digital del mundo*, Buenos Aires, Caja negra, 2017.
Sartre, Jean-Paul, *La náusea*, Buenos Aires, Losada, 1938.
Schumpeter, Joseph A., *Capitalisme, socialisme i democràcia*, Barcelona, Edicions 62, 1966.
Sennett, Richard, *La corrosión del carácter. Las consecuencias personales del trabajo en el nuevo capitalismo*, Barcelona, Anagrama, 2000.
Serres, Michel; Legros, Martin y Ortoli, Sven, *Pantopie, de Hermès à Petite Poucette*, París, Le Pommier, 2014.
Stiegler, Bernard, *Dans la disruption: Comment ne pas devenir fou?*, París, Les Liens qui Libèrent, 2016.
____, *La Technique et le temps. 1. La faute d'Épiméthée; 2. La désorientation; 3. Le temps du cinéma et la question du mal-être. Suivis de Le nouveau conflit des facultés et des fonctions dans l'Anthropocène*, París, Fayard, 2018.
Taylor, Charles, *Fuentes del yo. La construcción de la identidad moderna*, Barcelona, Paidós, 1996.
Vattimo, Gianni y Rovatti, Pier Aldo (Eds.), *El pensamiento débil*, Madrid, Cátedra, 1983.
Vidal, Víctor, *El estrés laboral, análisis y prevención*, Zaragoza, Prensas Universidad de Zaragoza, 2019.
Virilio, Paul, *Amanecer crepuscular*, FCE, Buenos Aires, 2003.
Wallerstein, Immanuel, *El Moderno sistema mundial: Vol. I La agricultura capitalista y los orígenes de la economía-mundo europea en el siglo XVI*, México, FCE, 1984.
____, *El Moderno sistema mundial: Vol II. El mercantilismo y la consolidación de la economía-mundo europea, 1600-1750*, México, FCE, 1998.
Wilson, Edward O., *La conquista social de la Tierra. ¿De dónde venimos? ¿Qué somos? ¿Adónde vamos?*, Barcelona, Debate, 2012.

www.ingramcontent.com/pod-product-compliance
Lightning Source LLC
Chambersburg PA
CBHW031135090426
42738CB00008B/1095